PAULINA COCINA

EN 30 MINUTOS

Recetas prácticas
para todos los días

Ediciones Continente

Paulina G. Roca
    Paulina cocina en 30 minutos : recetas prácticas para todos los días
/ Paulina G. Roca. - 1a ed . - Ciudad Autónoma de Buenos Aires :
Continente, 2017.
    176 p. ; 22 x 19 cm.

    ISBN 978 950-754-606-8

    1. Cocina. I. Título.
    CDD 641.5

Paulina Cocina en 30 minutos

Primera edición, abril de 2017

Fotografía: Alejandra López
Food styling: Caro Etchevere
Ayudante de cocina: Florencia Antonelli
Diseño y armado: Lara Melamet

ISBN: 978-950-754-606-8
Pavón 2229 (C1248AAE) Buenos Aires, Argentina
Tel.: (5411) 4308-3535 - Fax: (5411) 4308-4800
www.edicontinente.com.ar
e-mail: info@edicontinente.com.ar

Queda hecho el depósito que marca la ley 11.723.
Se imprimieron 5.000 ejemplares.
Libro de edición argentina.

Este libro se terminó de imprimir en el mes de abril de 2017, en Latingráfica SRL - Rocamora 4161 -
Tel.: 4867-4777. latinos@latingrafica.com.ar - www.latingrafica.com.ar

A Lolo y Hele, porque ser su mamá es lo más.
Y a Edu, porque este libro es tan suyo como mío. Los amo.

Por qué este libro

Este no es mi primer libro de cocina. Mi primer libro de cocina se llamó "10 recetas para conquistar a una chica" y fue un regalo para un amigo. Pero antes de seguir con esto me voy a presentar, que no quiero quedar como una maleducada.

Me llamo Paulina, soy (o más bien era) socióloga, empecé a hacer videos de cocina en YouTube, me enamoré de esto que hago y pegué el volantazo. Largué todo. Ahora soy youtuber. Listo. Encantada. Sigamos con lo de mi primer libro.

Mi amigo se había mudado solo y yo le regalé un libro de cocina personalizado. Adentro tenía, además de recetas, consejos del estilo "quitar la foto de Bariloche del cuarto" o "tratá de no usar la camisa azul", bastante más útiles que las recetas a los fines de conquistar chicas. Luego vinieron otros libros, para otros amigos y amigas, en diferentes circunstancias de sus vidas. Diez o quince recetas agrupadas con un fin que nunca era meramente el de cocinar. Más o menos como *Paulina Cocina*. Porque si les digo que empecé a hacer videos cocinando para transmitir mi arte les estaría mintiendo. Para empezar, no soy cocinera. Nunca estudié. Fui aprendiendo, sí, aprendo todos los días. Pero no tengo el oficio. Siempre que me llaman para cocinar en algún lugar me niego con la misma frase: "Nunca cociné con más presión que la de seis amigos tomando un vino". Soy muy elegante yo para negarme.

Pico despacio, MUY despacio. Nivel Hermana Bernarda. Aunque esté apurada. Y los cortes... picado, picadito, bien picadito. Bien, bien picadito. Rodajas, rodajitas finas, como medias lunas. Laminitas bien finas, fetas, fetitas. Cuadraditos chiquititos. (Este último se llama *concasse*. A esta altura me lo aprendí, no se vayan a creer). Me acostumbré a transmitir así la cocina y a no dar por sentado que la gente sabe cosas que yo no sabía hasta hace un par de años.

¿En qué estábamos? Ah, sí, en que no empecé *Paulina Cocina* para mostrar recetas sino para volver a jugar al programa de cocina. Y digo volver a jugar porque de chica yo jugaba al programa de cocina. Hacía ensalada de pasto mientras hablaba a cámara. Así que hice más o menos lo mismo, solo que con un marido detrás de la cámara.

Una cosa fue llevando a la otra y aquí estoy, escribiendo una introducción para mi primer libro "de verdad".

Cuando una trabaja en Internet lidia constantemente con dos fantasías de la gente. La primera es que no se trabaja, lo cual es absolutamente falso. Trabajo más que nunca en mi vida, solo que lo disfruto del primer al último minuto. La segunda fantasía es la de "El día en que explotó". Dice la leyenda que si trabajás en Internet un día todo "explota", te llegan miles de millones de visitas, de seguidores, de megustas, de *views* y despertás una mañana con un misterioso tatuaje en el brazo: *El ídolo de grandes y chicos*. Esto también es falso. Lo que hacemos requiere de mucha constancia, de formación (o autoformación, porque es todo muy nuevo así que lo que sabemos lo aprendemos haciendo y mirando cómo lo hacen otros), de planificación, de ideas frescas. Para esto hay que tener mucha pasión por lo que se hace. *Paulina Cocina* nunca explotó. Lo fui amasando yo de a poco. Fui mejorando mi contenido, buscando nuevas recetas, aprendiendo cómo iluminar un plato, conociendo la lógica de Internet, investigando sobre redes sociales, leyendo hasta cualquier hora.

La propuesta de hacer un libro es, para mí, una especie de premio. Un libro es plasmar en forma física todo mi trabajo de estos años que, como les cuento, es mucho. Todo muy lindo, todo muy idílico. Qué lindo, Paulina, vas a hacer un libro. Bravo, Paulina, te lo merecés. De nada, chicos, pero ¡hay que hacer el libro!

Así fue que me encontré pensando un contenido que no sea meramente "el libro de Paulina Cocina". Y de la misma manera que mi amigo de los veintipico quería conquistar chicas, intenté pensar qué podían querer todos ustedes. Tardé unos 4 minutos en descubrirlo, porque es lo mismo que quiero yo: resolver la cena diaria en poco tiempo, comer bien, rico y rápido. Sin delivery. Cocinar fácil. Y pasarla bien. La chancha y los veinte.

Podés llevarte mejor o peor con la cocina, disfrutar más o menos de cocinar, pero todos los días tenés que comer y, a veces, aunque tengas un blog de cocina, se te agotan las ideas. Otras veces no tenés muchas ganas. O estás cansado. O se te duermen los chicos. O querés tirarte a ver tu serie favorita. Y casi nunca tenés mucho tiempo.

Este libro contiene ideas simples, con ingredientes sencillos de conseguir y con recetas caseras, fáciles y rápidas, para todos los días. No te voy a enseñar a cocinar, pero te voy a compartir algunos platos que seguro hacen tu mesa menos monótona, a la vez que te solucionan la rutina diaria. Solo para que te quede tiempo, te relajes y te tires a mirar videos en Youtube… quien te dice caés en alguno mío.

P.C.

ÍNDICE

Todos por la
TARTA

Locro, carbonada, asado, dulce de leche...
¿te molestaría mucho incluir una vez, **una
vez**, a la tarta en el *dream team* de los platos
argentinos? Decime cada cuánto comés locro.
Hacé la cuenta, yo te espero. ¿Y tarta?
La tarta la rema todo el año, mes a mes, semana
a semana, para que vos le hables al gringo del
bife de chorizo... Señores: esto no es un primer
capítulo. Esto es JUSTICIA.

MASA PARA
TARTA 9-9-9

*La de mi tía Alicia, con regla memotécnica
para no olvidarla jamás.*

Para 1 tapa grande

9 cucharadas de harina
leudante

9 cucharadas de aceite

9 cucharadas de agua fría

1 pizca de sal

1. Mezclar los ingredientes con las manos hasta que se
unan. Amasar un poquito hasta que quede un bollo
bien liso. Envolver en film y llevar a la heladera unos
15 minutos.

2. Estirar la masa con palote, colocar en la tartera y
hornear 10 minutos en horno medio. Ya está lista para
colocarle el relleno y volver al horno.

LINK
A VIDEO

Hola, Paulina, ¿puedo hacerla con harina integral?

Sí, mitad y mitad. También podés llevar los
bollos al freezer para tener siempre masa lista y,
mientras amasás, ponerle semillas y aplastarlas
con el palote. ¡Ay, cómo te brillan los ojitos cuando
digo semillas, hippie!

TARTA DE
PERAS Y PROVOLONE

*Sencilla pero chic, un verdadero
plato para hacerse el canchero.*

1 disco de masa 999
(o comprada)

3 peras medianas

2 rodajas de provoleta

1 rama de tomillo fresco

1   Disponer la masa sobre la tartera.

2   Pelar las peras y cortarlas en trozos pequeños, más
o menos de 1 cm. Hacer lo mismo con el queso.

3   Colocar los trocitos de pera y provoleta sobre la masa,
con la técnica que en las altas esferas gastronómicas
se denomina "al tún tún". Llover con hojitas de tomillo
fresco. Si no tenés fresco, seco, pero que no falte
el tomillo.

4   Llevar a horno hasta que la masa esté dorada.

Es importante que hagas
bordes altos con la masa
en el molde, no vaya a ser
que el queso se escape y
perdamos la elegancia.

TARTA DE
RICOTA Y TOMATE

Una besheeeza...

~~~~~~

1 disco de masa 999
(o comprada)

8–10 tomates secos

15–20 tomates cherries

125 g de ricota

1 huevo

Pesto de tomates
secos (ver pág. 29)
o de anchoas
(ver pág. 27) si te
va el rock

Sal y pimienta

1 Precalentar el horno, obviously. Y poner los tomates secos a hidratar en agua hirviendo, yo les pongo un chorrito de aceto. Recogete el pelo, querés.

2 Si hiciste la masa 999, mientras está precocinándose en el horno hacés el relleno.

3 Batir el huevo, agregar sal y pimienta y mezclar con la ricota hasta que esté todo unido. Es importante que la ricota no tenga exceso de líquido, podés escurrirla con un paño.

4 Separar la mezcla en dos partes. Colocar sobre la masa de tarta una parte de la ricota. Cubrir con los tomates secos picados. Agregar la otra parte de la mezcla y cubrir con los cherries enteros. También podés ponerle tomate perita en rodajas. Colocar sobre los tomates el pesto hasta que cubra toda la tarta.

5 Llevar a horno medio unos 15 minutos o hasta que se vean los bordes de masa dorados.

~~~~~~

STRATA DE BRÓCOLI Y PANCETA

Según mis cálculos, esto debería estar poniéndose de moda en los próximos meses.

2 panes, ideal si son del día anterior

200 g de panceta

3 huevos

1 cda. de mostaza

½ brócoli (o 1 chico)

1 diente de ajo

1 puñado de nueces

100 cc de crema de leche (puede reemplazarse con leche o miti-miti)

300 g de queso cheddar o similar

Sal y pimienta

Opción vegetariana:

cambiá la panceta por hongos o tomates secos hidratados.

1 Antes que nada poné a hervir agua. Mientras tanto, vas haciendo las otras cosas pero cuando el agua esté hirviendo, colocá el brócoli en arbolitos (vos me entendés) y cociná unos 5 minutos hasta que esté tierno. Escurrir y reservar.

2 Cortar el pan en cuadraditos de 2 x 2 cm aprox. o como te salga. Reservar.

3 Cortar la panceta en tiritas finas. Colocarlas en una sartén vacía a fuego medio hasta que esté dorada. Retirar.

4 Colocar en un bol los huevos, la sal, la pimienta, la mostaza y la crema. Batir hasta integrar.

5 Agregar a los huevos el pan, la panceta crocante, el brócoli picado grueso, las nueces picadas así nomás y el queso cheddar rallado (reservá un poco para el final). Uní bien pero rápido, para que el pan no se impregne demasiado con el huevo.

6 Colocar en una fuente para horno sin aplastar demasiado; como lo tires, queda. Así que tiralo con elegancia.

7 Llover por encima con más queso rallado y llevar a horno fuerte hasta que se vea dorado por arriba. Llevar a la mesa. Recibí los halagos como si nada, cara de póker.

CRUMBLE DE VERDURAS

*El plato que enamora hasta
a los amantes de la carne.*

Para 3 porciones

Para el crumble:

70 g de manteca bien fría

1 taza de harina

2 cdas. de avena

1 cda. de queso rallado

1 puñado de almendras
u otro fruto seco

Sal y pimienta

Las verduras:

1 puerro

1 cebolla de verdeo

1 cebolla chica

½ berenjena

1 zucchini

1 morrón rojo

1 diente de ajo

½ lata de garbanzos

Aceite, sal y pimienta

Probá hacerlo de una sola
verdura o con diferentes
combinaciones y condimentos.

1   Cortar todas las verduras en trozos grandes, así nomás. Salvo el ajo, que va picado.

2   Saltear las verduras a fuego fuerte con un poco de aceite, revolviendo de tanto en
    tanto. Cuando empiecen a estar doradas, tapar y bajar el fuego a medio y dejar así
    unos 7-9 minutos.

3   Preparar el crumble: procesar todos los ingredientes menos las almendras,
    que van picadas. Debe quedar una especie de arena mojada. También puede
    hacerse con las manos, deshaciendo la manteca y mezclando con el resto de
    los ingredientes. Al final incorporar las almendras picadas.

4   Sacar las verduras de la sartén, salpimentar y agregar los garbanzos escurridos.

5   Colocar la mezcla de verduras en un molde para horno o en moldes individuales.
    Cubrir con el crumble sin aplastar, pero tratar de tapar todo.

6   Llevar a horno fuerte o gratinador hasta que la cubierta esté dorada y crocante.

El crumble es una receta ideal para experimentar y liquidar lo que te queda en la heladera.

TORTA DE PAPAS

Fabulosa receta del CAP, Club de Admiradores de la Papa,
organismo que presido.

700 g de papas

180 g de harina común

1 huevo

50 g de queso parmesano rallado

1 cdita. de polvo de hornear

200 g de mozzarella

150 g de jamón cocido

50 g de manteca

1 cda. de pan rallado

Sal y pimienta

1. Cocinar las papas en agua hirviendo. Podés cortarlas en trocitos para que tarden menos. Escurrir y aplastar en caliente hasta que quede un puré fino.

2. Agregar al puré la harina, el huevo, el queso rallado, el polvo para hornear y salpimentar. Mezclar con las manos hasta obtener una masa.

3. Colocar la mitad de la masa en una fuente para horno enmantecada, aplastándola con las manos hasta que quede de unos 2 cm.

4. Cubrir con una buena capa de jamón cocido y otra de mozzarella en trocitos.

5. La otra mitad de la masa, la partimos en pedacitos con la mano y la vamos poniendo arriba hasta cubrir toda la fuente. Colocar trocitos de manteca por encima y espolvorear con pan rallado.

6. Llevar a horno fuerte o gratinador hasta que esté bien dorada por arriba.

\>> Cortá una porción. Emocionate hasta las lágrimas. <<

FRASQUITOS

que te salvan la vida

Estuve un poco exagerada con lo de "te salvan", es verdad, suena mesiánico. Pero un frasquito de estos te convierte un plato de pastas, unas verduras o un churrasco a la plancha en un plato con onda; y a vos, en un ser más respetado por la comunidad.

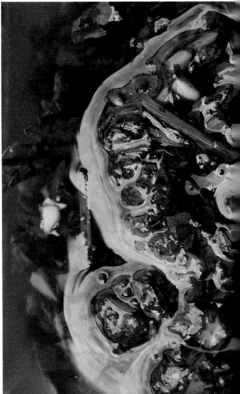

CURRINDANGUI

Como te imaginarás, el nombre lo inventé yo.

1. Mezclar la misma cantidad de **semillas de sésamo** tostadas, **maní** tostado y pelado, y **curry**. Triturar hasta que quede una pasta fina.

2. Unir con **aceite de oliva** hasta que la mezcla esté bien amalgamada. (Mirá la palabra que te tiré: amalgamada. (Mirá la palabra que te tiré). Guardar en frasco de vidrio en la heladera, dura unas dos semanas.

A mí me encanta con verduras grilladas o ensalada de hojas verdes.

PESTO CALABRÉS

En realidad no me consta que sea calabrés, es el pesto de anchoas de mi nonna Massarotta. Tiene el mismo carácter que ella: es un pesto cabrón.

1. Colocar en el vaso del mixer **1 atado de albahaca** lavada, **3 dientes de ajo**, **4 anchoas** y **pimienta**. Mixear hasta obtener una mezcla cremosa, pero no completamente deshecha. Es importante no apretar por largo rato el triturador. Hay que hacerlo de a toques cortos para no calentar la albahaca, sino se pone amarga. Opcional: agregale **1 chile picante**, queda fabuloso.

2. Agregar por último **un puñado de nueces** y dar un toque corto con la trituradora. Las sumamos al final porque no las queremos deshechas del todo.

3. Mezclar con un buen **aceite de oliva** y conservar en frasco de vidrio, siempre con un dedito de aceite por encima. Dura unos 15 días en la heladera, más que un pesto común porque no tiene queso, y se puede congelar. (Sé que te hice sonreír con esto último).

Para pastas, verduras, sobre la pizza, base de bruschettas o sobre pescado.

CHIMICHURRI
COMÚN O DE CILANTRO

*O culantro, como le dicen en Perú. Yo te doy la
receta y vos encargate del chiste fácil.*

1   Mezclar en un frasco de vidrio
2 cdas. de **perejil** fresco picado
para el modesto o de **cilantro** para
el pretencioso. Agregar ½ cda. de
orégano, 1 diente de **ajo** picado,
½ cda. de **pimentón**, ½ cdita. de
sal, **pimienta** negra a gusto, un
chorro de **aceto** balsámico. Cubrir
con 3 dedos de **aceite de oliva** por
encima de los ingredientes. Tapar
y agitar el frasco.

Ideal para carnes, verduras, tortas
fritas, da igual, el chimichurri es
genial.

Tiene la virtud "frasqueril" de durar
añares en la heladera y ponerse
buenísimo con el tiempo.

*Además, hay que estar
siempre listo por si
te toca el timbre un
choripán.*

PESTO DE TOMATES SECOS

Riquísimo, intenso y para usar en mil recetas.

1. Mixear 100 g de **tomates secos** hidratados en **agua** y **aceto balsámico**, 25 g de hojas de **albahaca**, **aceite de oliva** y **queso parmesano** rallado a gusto. Agregar un puñado de **nueces picadas** y solo mezclar, para que no queden hechas polvo. Ser feliz, presumir, todo eso que pasa cuando hacés un plato rico.

Para pastas, debajo del queso de la pizza, sobre pechugas de pollo.

29

PASTAS
ONE-POT
o sea, en un solo pot

Durante un año y medio me resistí a probarlas porque me parecían una ridiculez. Una vez que lo hice, me enamoré. El único secreto es controlar la cantidad de líquido y pensar de antemano con cuánta salsa queremos que nos quede.
El resultado: una pasta perfecta, súper integrada con la salsa, la sonrisa amplia y el pecho hinchado de orgullo de quien lava un solo cacharro.

PASTA ALFREDO
CON POLLO

Mi favorita, queda per-fec-ta.

Para 2 porciones

½ pechuga de pollo
(¡pueden ser sobras!)

1 diente de ajo

250 g de crema

200 g de pasta seca tipo
tirabuzón

100 g de queso rallado

Cebolla de verdeo
(la parte verde, para
decorar)

Sal y pimienta

Aceite

1 Cortar la pechuga de pollo en trocitos.

2 Dorar el pollo en un poco de aceite caliente, en una olla amplia, porque allí haremos los fideos.

3 Una vez que el pollo esté dorado, agregar el ajo y cocinar un poco más.

4 Agregar la crema y un vaso y medio de agua. Dejar calentar y salpimentar.

5 Una vez que esté bien caliente, agregar la pasta. Bajar el fuego al mínimo y "medio-tapar". (No puedo creer que no haya un término para esto tan común de tapar la olla a medias. Estamos fallando como especie). Cocinar así el tiempo que dice el paquete, revolviendo cada tanto.

6 Cuando la pasta esté lista, apagar el fuego, agregar el queso rallado y tapar por un minuto.

Te juro, te recontra prometo que cuando
este tiempo termina tu pasta está perfecta, deliciosa,
cremosita y vos feliz. No, no comas de la olla,
es poco elegante. Lavá un plato, tampoco la pavada.

La proporción áurea de la pasta one pot:
1 taza y ¼ de agua por cada porción de pasta si querés la salsa justa.
1 taza y ½ de agua si querés con más salsita.

PASTA
MEDITERRÁNEA

Para 2 porciones

½ cebolla

200 g de spaghetti

8 champiñones

2 cdas. de pesto de tomate secos (ver pág. 29) u otro pesto

4 tomates secos

4 filetes de anchoas

1 cda. de alcaparras

Queso rallado

Aceite de oliva

Sal y pimienta

1   Poner en la olla la cantidad de agua por cada porción: 1 vaso y ¼.

2   En la misma olla y sin llevar al fuego aún, vamos a agregar los ingredientes: la pasta seca, los tomates secos en trocitos y sin hidratar, los champiñones laminados, la cebolla cortada fina, el ajo picado.

3   Agregar una cucharada de pesto.

4   Salpimentar, sacar una foto para Instagram y encender el fuego. La olla debe quedar calentándose a fuego medio.

5   Cocinar hasta que la pasta esté lista, revolviendo cada tanto. Cuando se evapore el agua deberíamos obtener una pasta cocida y con la cantidad de salsa justa.

6   Al apagar el fuego, agregar las anchoas picadas y las alcaparras, y volver a mezclar. Agregar un chorrito de un buen aceite de oliva, queso rallado... ¡Y listo! A la mesa.

La salsa blanca in situ
podés usarla para verduras, pollo, etc.
Es rapidísima, sale siempre bien
y el único secreto es que la harina esté
bien tostada antes de poner la leche.

PASTA
CON ESPINACA IN SITU

El nombre in situ me lo inventé, no lo andés diciendo por ahí que vas a quedar mal.

Para 3 porciones

½ paquete de pasta seca

1 atado de espinacas

1 diente de ajo

1 cda. grande de manteca

½ vaso de leche

4 o 5 nueces

1 cda. de harina

1 pizca de nuez moscada

1 Hervir la pasta como de costumbre, en agua con sal. Retirar los fideos de cocción 2 minutos antes de que estén listos.

2 Colar los fideos, volver a ponerlos en la olla y llevarlos nuevamente a fuego medio-bajo.

3 Agregar la manteca y el ajo picado mientras vamos revolviendo hasta que se derrita.

4 Una vez que la manteca esté bien derretida, agregar la cucharada de harina. Seguir mezclando continuamente con cuchara de madera hasta que se vea que la harina está tostada. En este momento te vas a asustar, vas a querer tirar este libro por la ventana y twittear #PaulinaFarsanteAndáAFreírChurros. Respiramos, contenemos la ira y seguimos adelante con ese pegotón de fideos y harina.

5 Cuando la harina ya está tostada, agregar el medio vaso de leche sin dejar de mover con suavidad. Mágicamente todo se desprende y se empieza a formar una salsa blanca in situ. Los fideos están divinos, sin pegotes. Respiración de alivio.

6 Cuando la salsa blanca va tomando consistencia agregar un poco de sal y nuez moscada.

7 Poner la espinaca en crudo (puede ir entera o picada) y revolver apenas hasta que se "desmaye". Es decir, no hay que cocerla pero sí esperar a que se integre con los fideos y quede bien tierna.

¡Ya está lista! Ahora andá y twitteá algo lindo sobre mí.

8 Agregar los pedacitos de nuez y más queso rallado.

PASTA AL
VINO TINTO

Puro color y sabor.

Para 2 porciones

200 g de pasta seca

3 tazas de agua

2 tazas de vino tinto

Cebolla de verdeo

Queso parmesano

Sal, pimienta y aceite de oliva

1   Colocar en una olla 3 tazas de agua y 2 tazas de vino tinto. Poner al fuego con tapa, hasta que hierva.

2   Una vez que hierve, agregar sal y poner la pasta dentro. Cocinar normalmente, igual que cuando lo hacemos sin vino, revolviendo de vez en cuando.

3   Escurrir o colar las pastas. Vas a ver que las pastas tomaron el color del vino tinto (con esto ya podemos hacernos los cancheros).

4   Servir con queso rallado, un buen chorro de aceite de oliva y cebolla de verdeo (la parte verde), picada.

Altas
GUARNICIONES
para churrasquitos

Si pudiéramos callar los ruidos de la ciudad a las nueve de la noche se escucharía un murmullo constante: "Me hago un churrasquitooo..., me hago un churrasquitooo...".
Son las personas que no planearon qué comer y resuelven a último momento. Aquí varios acompañamientos para quitarle al pobre churrasquito tanta presión y colocar a la guarnición en el rol protagónico.

TABULÉ

*La ensalada árabe
más famosa.*

½ **taza** de trigo burgol

3 tomates

1 pepino

1 cebolla pequeña o ½ grande

1 **manojo** grande de perejil
(1 taza aprox.)

1 **manojo** más pequeño de menta
(más o menos 1/4 de lo que
pusimos de perejil)

Sal, limón y aceite de oliva

Ponele muuucho perejil.
Y cuando creas que es mucho,
ponele un poco más.

1   Lo primero es remojar el trigo
    burgol: cubrir apenas con agua
    caliente y dejar unos 15 minutos,
    mientras hacés todo el resto. Si hay
    exceso de agua, retirala, tiene que
    quedar lo más seco posible.

2   Cortar el pepino, la cebolla y
    los tomates. A mí me gustan en
    cuadraditos muy pequeños, pero
    puede ser de otra manera.

3   Picar el perejil y la menta de forma
    grosera, no demasiado pequeño.

4   Mezclar todo bien mezcladito y
    condimentar con sal, bastante jugo
    de limón y aceite de oliva.

ENSALADA CARIBEÑA DE PALTA Y MANGO

Súper fresca y sabrosa, ideal para un almuerzo de verano.

½ mango

1 palta

Hojas verdes: espinaca, rúcula, lechuga

2 cdas. de coco rallado

Para el aderezo:

Jugo de ½ limón

1 trocito de chile picante

Cilantro

1 trocito de cebolla

Aceite de oliva

Sal, pimienta

1 Lavar y disponer las hojas verdes en el fondo de la ensaladera.

2 Cortar el mango y la palta en trozos grandes y acomodarlos sobre las hojas. Salpimentar.

3 Tostar el coco rallado en una sartén vacía y caliente, es cosa de unos segundos. Sacarlo cuando solo la parte de abajo se vea tostada y la de arriba blanca. Revolver con una cuchara de madera, el coco terminará de tostarse fuera del fuego y acabará todo color ocre. Llover la ensalada con este coco.

4 **Para el aderezo:** picar el trocito de cebolla, bien pequeño con el cilantro. Picar también el trocito de ají picante y mezclar todo. Agregar el limón y el aceite. Mezclar enérgicamente para unir todo. Condimentar con este aderezo la ensalada.

Attenti al detalle del coco tostado que es lo más.

BRÓCOLI GRATINADO

Súper rápido y sencillo.

1 brócoli

1 diente de ajo

1 trozo de manteca

2 cdas. panzonas de harina

1 vaso de leche

1 trozo grande de queso fresco

3 cdas. de queso rallado

1 cda. de pan rallado

1. Poner el brócoli cortado en "arbolitos" en agua hirviendo. Dejar unos 4 minutos, hasta que tenga ese color fluorescente. Escurrir y reservar.

2. Picar el ajo y saltearlo en la manteca. Agregar el brócoli y saltear un minuto, para que tome el sabor del ajo.

3. Agregar las cucharadas de harina y mover con el fuego a medio, hasta que la harina se vea tostada o haya "desaparecido", o sea, que no queden espacios con harina blanca y que esté toda pegada al brócoli o en el fondo de la olla. Son unos 2 minutos. Mové con cariño, tratando de deshacer el brócoli lo menos posible.

4. Agregar la leche de golpe e ir revolviendo. Se irá formando de a poco una salsa blanca. Una vez que tenga una consistencia liviana, apagá el fuego.

5. Colocar el brócoli en una fuente de horno, esparcir el queso fresco, cortado en trozos, por encima. Llover con el queso rallado y espolvorear con 1 cucharada de pan rallado para que quede más crocante.

6. Llevar a horno o gratinador hasta que la parte de arriba esté dorada. ¡Y chau picho, la cena está lista!

Paulina, Paulina, ¿la misma receta me sirve para coliflor?

Obvio, mi amor.

PAPAS
EN PAQUETITO

*Sí, se pueden hacer papas
en 3 minutos.*

Papas

Manteca

Papel manteca

Sal, pimienta
y especias a elección

1   Cortar las papas de un grosor de 2 cm aprox. Pueden ser rodajas o papines cortados al medio.

2   Colocarlas sobre un papel manteca con un trocito de manteca arriba (puede ser aceite de oliva) y los condimentos que elijas.

3   Cerrar el paquetito como si fuera un caramelo, bien sellado por todas partes. Esto es importante porque es lo que hará que las papas se cocinen en tiempo récord.

4   Llevar al microondas en máximo por 2 minutos y luego seguir cocinando cada 30 segundos hasta que estén listas. Suelen estar en 3 minutos pero como dijo el Dalai Lama: cada microondas es un mundo.

5   Abrí el paquetito, asombrate, llamá a tus amigos para contarles que hiciste papas en 3 minutos, esas cosas.

45

ENSALADA DE
REMOLACHA CRUDA

*La ensalada que me
robó el corazón.*

2 remolachas

1 **puñado** de nueces

1 **pizca** de comino

Jugo de ½ limón
(o vinagre)

1 **trozo** de queso feta
(si no conseguís, roquefort)

Sal, pimienta y aceite de oliva

1   Cortar la remolacha en rodajas muuuy
    finas, ideal con mandolina, que es un
    lindo nombre para una hija mujer.

2   Disponerlas en una fuente o plato, sin
    encimar demasiado.

3   Hacer una vinagreta: mezclar en
    un frasquito sal, pimienta, comino,
    aceite de oliva y bastante vinagre o
    jugo de limón. Batir el frasco hasta
    que se emulsione bien.

4   Bañar las remolachas con la marinada
    y refrigerar hasta la hora de comer.
    Esto hará que las remolachas queden
    más blandas y tiernas.

5   Antes de servir, colocar por encima
    queso feta deshecho y nueces.

PURÉ DE
PAPAS Y MANZANAS

¡Un clásico para acompañar cerdo!

Para 2 porciones

2 papas

1 manzana

2 cdas. de manteca

2 cdas. de leche

Sal y pimienta

1. Derretir la manteca en una olla. Agregar la manzana pelada y cortada en cubitos o como te parezca. Dejar que se doren levemente en la manteca, unos 2-3 minutos. Este dorado previo le dará un sabor único.

2. Agregar la papa cortada en cubitos chicos para que se haga rápido y cubrir con agua. Agregar sal y hervir hasta que la papa esté cocida.

3. Escurrir y aplastar como cualquier puré, hasta que esté bien liso.

4. Agregar la otra cucharada de manteca, la leche y rectificar sal.

Cualquier puré te saldrá más liso
si lo aplastás con la papa caliente.

BERENJENA
4 MINUTOS

La más rápida del planeta.

Para 2 porciones

1 berenjena

1 tomate

1 diente de ajo

2 trozos de queso
mozzarella
o el que tengas

Aceite de oliva

Sal

Orégano

1   Partir la berenjena en mitades a lo largo. Con un cuchillo, cortar el centro sin llegar al final, haciendo un cuadriculado.

2   Salar y poner un poco de ajo picado por encima. Llevar a microondas 2 minutos a potencia máxima.

3   Sacar del microondas, colocar el tomate picado y el queso en trozos. Llevar al microondas otros 2 minutos.

4   Retirar, llover con orégano y aceite de oliva.

Además de una genial guarnición, este es mi almuerzo express y liviano para cuando no tengo nada, pero naaaada de tiempo.

VERSIÓN DULCE:
reemplazá el queso
rallado por queso fresco
o mozzarella rallada,
la sal y pimienta por 2 cdas.
de azúcar. Terminá con
canela y miel arriba.
Alto desayuno.

TORTITAS DE CHOCLO *¡Todo en la licuadora!*

Para unas 10-15 tortitas

1 huevo
1 lata de choclo
½ taza de leche
½ taza de harina leudante
1 chorrito de aceite
½ taza de queso rallado
Sal y pimienta

LINK
A VIDEO

1. Colocar en el vaso de la licuadora la leche y los granos de choclo. Podés usar choclo fresco, hervido 8 minutos y desgranado. Licuar hasta que quede una pasta espesa y amarilla, sin grumos choclosos.

2. Agregar el huevo y seguir licuando.

3. Pasar la mezcla a un bol y agregar la harina. Integrar con espátula.

4. Agregar sal, pimienta y el queso rallado.

5. En una sartén antiadherente, colocar un chorrito de aceite y calentar. Ir poniendo, de a una cucharada, la mezcla para tortitas. Darlas vuelta cuando estén doradas. ¡No te muevas de al lado de la sartén! Es menos de un minuto lo que tardan en dorarse. Tampoco subas el fuego al máximo ni lo bajes al mínimo. Si está en máximo, se queman. Si está en mínimo, se secan.

6. Servir calentitas. Se pueden llover con perejil o *ciboulette*.

COLIFLOR GRILLADA

Simple, rápida, saludable, riquísima... pero lo mejor es la forma de arbolito.

1 coliflor
1 cdita. de manteca
Sal y pimienta
Ají molido

1   Cortar la coliflor en láminas de un poco más de 1 cm. De cada coliflor saldrán solo 3-4 láminas, ya que se trata de utilizar la parte del centro para que se vea todo el dibujo de la coliflor. Guardar el resto para otra receta.

2   Colocar en una sartén 1 cucharadita de manteca y dejar que se derrita a fuego medio.

3   Agregar las láminas de coliflor y dejar que se doren de un lado, luego darlas vuelta.

4   Una vez que las dimos vuelta, tapar la sartén. La coliflor, al estar tapada, se cocinará en su propio vapor. Si ves que se están dorando demasiado y aún no están listas, podés agregar un chorrito de agua. En total son unos 5-7 minutos desde que las tapamos.

5   Cuando ya estén doradas y cocidas, colocar en un plato y condimentar con sal, pimienta y un toque de ají molido.

PROVOLETA CON
RÚCULA INCRUSTADA

*De la corriente telúrico-chic
tan en boga en estos tiempos.*

1 rodaja de provoleta

100 g de rúcula fresca

Sal y pimienta

Aceite de oliva

Aceto balsámico o vinagre

1   Aliñar la rúcula apenas con el aceite, el aceto, la sal y la pimienta.

2   Colocarla en un plato pequeño, formando una montaña.

3   Poner a cocer la provoleta en una sartén o fuente pequeña a fuego directo. Dejar que se enfríe un minuto o dos. Quitar de la sartén la grasa que soltó el queso.

4   Colocar la provoleta sobre la montaña de rúcula y, rápido con otro plato, darla vuelta. La rúcula de abajo queda incrustada en la provoleta por el calor del queso. La de arriba estará fresca y crocante.

TORTITAS DE
PAPA

*Nadie se resistió,
jamás en la historia
patria, a estas tortitas.*

2 papas medianas
1 cebolla de verdeo
1 ramito de perejil
1 huevo
1 cda. de harina
Sal, pimienta y aceite

1 Pelar las papas y triturarlas o rallarlas. Quedará una especie de puré de papas crudo.

2 Colocar este puré en un bol y llenarlo con agua. Revolver un poco para que suelten el almidón.

3 Pasar a un colador hasta que escurra toda el agua. Presionar con una cuchara o espátula. Ahora tenemos una pasta de papa cruda.

4 Mezclar esta pasta con el huevo, la cebolla y el perejil picados muy finos o triturados.

5 Finalmente, agregar la cucharada de harina y unir bien.

6 Calentar en una sartén un hilo de aceite, muy poquito.

7 Ir poniendo las tortitas con una cuchara. Durante los primeros segundos, aplastar la parte de arriba y dar forma redonda a los bordes con la cuchara, así nos quedan bien bonitas.

8 Dorar de ambos lados, a fuego medio. Servir calentitas y prepararse para recibir los halagos con humildad.

¿Te sobró puré? Mezclalo
con huevo batido, sal,
pimienta, ajo y perejil...
¡más tortitas!

BUÑUELOS DE ESPINACA

*Crocantes y clásicos.
Aquí mi mejor versión,
con la espinaca cruda.*

Para unos 20 buñuelos

1 atado de espinaca
2 huevos
½ pote de crema (puede
ser leche... pero vas a
comer frito, si la vas a
hacer, hacela completa...)
½ taza de harina leudante
1 diente de ajo
Sal, pimienta y aceite

1 Lavar la espinaca, escurrirla y cortar en tiras lo más finas que puedas. Picar el ajo.

2 Batir el huevo y, cuando esté bien batido, agregar la crema o leche, unir bien y salpimentar.

3 Agregar a la mezcla la espinaca y el ajo y revolver con ganas.

4 Incorporar la harina, si es posible tamizada, y mezclar bien. Debe quedar una mezcla espesa, no una masa. Pero bien espesa porque formaremos los buñuelos con cuchara.

5 Calentar aceite para freír y, de a uno, ir poniendo cucharadas de la mezcla. Dorar de ambos lados, dando vuelta a mitad de la cocción. ¡Ojo! Estos buñuelos de espinaca se hacen rapidísimo, aproximadamente un minuto de cada lado, así que no te muevas de al lado de la sartén y tené a mano la fuente con papel absorbente para sacarlos.

6 Servir como guarnición o como entrada. A mí me encantan con limón.

PESCADO
te queremos
como sos

En mi casa es el rey de la comida rápida.
Todas ventajas: sanísimo, tiempos de cocción
súper cortos, exquisito, versátil, se puede comer
crudo... Es feíto, sí, porque estéticamente
el pescado le salió mal a la naturaleza, seamos
sinceros. Tiene siempre cara de póker.
No importa, pescado. En mi cocina valoramos
lo positivo de cada uno.

CRUET DE
MERLUZA

Yo no sé cómo le decís a meter todo en una olla y sacar una comida. Yo le digo MAGIA.

Para 3 porciones

½ kg de merluza

2 tomates maduros

1 cebolla

2 papas grandes

1 lata de arvejas

Ajo y perejil picado

4 hojas de laurel

Pimentón dulce

Cúrcuma

Sal y pimienta

Aceite

1 Cortar la cebolla en rodajas y disponerla en el fondo de una olla con aceite.

2 Cortar las papas en rodajas y ponerlas encima de la cebolla.

3 Colocar una capa del perejil y ajo picado.

4 Llenar la olla con agua y poner la merluza encima y salpimentar.

5 Agregar la cúrcuma, el pimentón dulce, las hojas de laurel y los tomates maduros, partidos al medio y "boca abajo".

6 Llevar a fuego fuerte unos 15-17 minutos.

7 Unos 5 minutos antes de que esté hecha la merluza, echar la lata de arvejas hasta que se calienten.

8 Servir sin el tomate.

Este plato, además
de riquísimo,
es muy saludable
y bajo en grasas.

PESCADO
A LA SAL

¡Así siempre sale bien! Un plato ideal para neófitos en el pescado.

1 kg de sal gruesa

1 pescado entero

1 Antes que nada pedile al pescadero que limpie el pescado, pero abriéndolo lo menos posible, con un tajo pequeño en "la garganta"... así de mafiosa suena la cosa.

2 Hacer una cama de 1 cm de sal gruesa en una fuente de horno. Colocar el pescado sobre la sal y cubrir completamente. Es importante que esté totalmente cubierto con sal. Tirar gotitas de agua (unas pocas) con la mano sobre la sal.

3 Hornear unos 20 minutos. Esto depende del tamaño del pescado.

4 Al sacarlo, la sal estará dura. Romperla y retirar el pescado. Abrir y servir.

Este plato se hace sí o sí con el pescado entero (sin abrir del todo), para que tanta sal no arruine su sabor. El truco es sellar el pescado con la sal. Así se cocinará en sus propios jugos, es como un horno dentro del horno.

Se puede servir con batata hervida
fría y chile picante para quien
quiera un poco de rock.

CEVICHE
DE PESCADO

Mi favoritísimo del verano.

Para 4-5 porciones

1 **kg** de pescado blanco fresquísimo

1 **tallo** de apio

2 limones

1 lima

1 cebolla morada

1 **ramo** de cilantro

Sal y pimienta

1 Cortar el pescado en tacos de 2 x 2 cm aprox. Cubrir con agua bien fría, salar y dejar reposar refrigerado mientras preparamos el resto.

2 Triturar con el mixer el jugo de limón, el jugo de la lima y el apio. Quedará un jugo verde claro.

3 Cortar la cebolla morada bien finita y enjuagarla con agua. Picar el cilantro en trozos grandes.

4 Escurrir el pescado refrigerado, incorporar la mezcla de jugos y apio, la cebolla y el cilantro. Revolver integrando bien. Refrigerar unos 15 minutos más o hasta que el pescado empiece a ponerse blancuzco.

Para reconocer un pescado fresco,
lo mejor es mirarlo fijamente a los
ojos: tienen que estar brillantes
y negros. No compres un pescado
con ojos hundidos o grises.

PESCADO PROVENZAL
SÚPER FÁCIL

Para 2-4 porciones, según el pescado

4 filetes de pescado (pejerrey, merluza, abadejo o el que quieras)

1 manojo de perejil

2 dientes de ajo

1 cda. de pan rallado

1 cda. de queso parmesano rallado

1 cda. de aceita de oliva

Sal y pimienta

1   Cubrir la fuente con un chorrito de aceite y llevar un minuto al horno. Esto lo hacemos para que el pescado no se pegue.

2   Disponer los filetes sobre la fuente y reservar.

3   Mezclar en un bol: el ajo y perejil picados, el pan rallado, el queso rallado, sal, pimienta y el aceite de oliva. Quedará una especie de arena.

4   Cubrir completamente cada trozo con esta mezcla.

5   Llevar a horno medio unos 10 minutos o hasta que el pescado esté listo (esto dependerá del pescado que utilices). Los últimos 3 minutos poner el horno al máximo o llevar a gratinador, para que la cubierta quede dorada y crocante.

PESCADO EN PAQUETITO

En solo unos minutos, un plato completo y muy saludable.

Para 2 porciones

2 filetes de pescado (cualquier pescado firme, como el abadejo, por ejemplo)

1 cebolla

1 tomate

1 trozo de morrón rojo

1 trozo de morrón verde

1 diente de ajo

Aceite de oliva

Orégano

Sal y pimienta

1 cda. de alcaparras

Pimentón (dulce o picante)

1 Colocar sobre papel manteca o aluminio un chorrito de aceite de oliva y cada uno de los filetes, que los haremos en dos paquetitos separados. Salpimentar.

2 Agregar, en este orden y cubriendo todo el pescado: una capa de cebolla cortada en rodajas o medias lunas; otra capa con los morrones verdes y rojos, cortados en tiras finas. Por último, una capa de tomate en rodajas y el diente de ajo picado. El tomate siempre va arriba porque es lo que dará humedad al resto de la preparación.

3 Volver a salpimentar y agregar orégano (solo un poco) y pimentón (dulce o picante, como te guste).

4 Bañar con un nuevo chorro de aceite de oliva y cerrar el paquete bien sellado por todas partes. Llevar a horno medio unos 8 minutos.

5 Retirar del horno, abrir los paquetitos y colocar las alcaparras por encima antes de servir.

¡Y todo sin ensuciar la fuente!

PEJERREY
AL HORNO RELLENO

Ideal para aprovechar lo que tengas en la heladera.

〰〰〰〰〰〰〰〰〰〰〰〰〰〰〰

Para 2 porciones

4 pejerreyes limpios

1 cda. de pan rallado

½ cda. de ajo y perejil picados

1 cda. de queso crema

1 cda. de queso mozzarella cortado en daditos pequeños

½ cda. de panceta picada

1 cdita. de morrón rojo picado

1 cda. de cebolla de verdeo picada

Aceite de oliva

Sal y pimienta

1 Mezclar todos los ingredientes del relleno en un bol: pan rallado, ajo y perejil picados, queso crema, mozzarella en daditos pequeños, panceta picada, morrón picado y cebolla de verdeo picada. Reservar un poco de perejil picado y pan rallado para el final. Salpimentar y agregar un chorro de aceite de oliva. Mezclar bien y aplastar mientras mezclamos. Quedará una especie de pasta.

2 Limpiar los pejerreyes y quitarles la cabeza y las aletitas del costado. La cola se la dejamos porque le dará estabilidad cuando los enrollemos.

3 Disponerlos "panza arriba" y salpimentar.

4 Hacer una especie de cañoncitos. Colocar el relleno en medio de cada pejerrey y enrollar. Si querés los podés atar para que no se desarmen. Ir disponiendo en una fuente de horno uno al lado del otro.

5 Llover con más perejil picado y con un poco de pan rallado. Rociar con aceite de oliva.

6 Llevar el pejerrey al horno moderado por 10-12 minutos o hasta que se vean dorados por arriba.

POLLO
hacete ver

No es tan tradicional como para ser telúrico,
no es tan lejano como para ser exótico.
No se puede decir que es sano pero te lo dan
en los hospitales. No tiene la fuerza chabacana
del choripán pero está demasiado lejos de ser
sofisticado. El pollo se mueve en estos grises
con la humildad de los grandes. Sabe que las
modas pasan y que él no es moda. Y si por algún
motivo osás cuestionarlo, tranquilo, como quien
no quiere la cosa, despliega su súperpoder:
te mira, te guiña un ojito, te dice: SOY BARATO
y se manda a mudar.

POLLO A LA CACEROLA MARROQUÍ

*Fresco y aromático,
una receta árabe que se
quedó en casa para siempre.*

Para 3 porciones

½ kg de pollo en presas

1 cebolla colorada

3 dientes de ajo

½ vaso de jugo de limón

1 cdita. de cúrcuma

1 cdita. de jengibre rallado

1 cdita. de comino

1 ramo de cilantro fresco

150 g de aceitunas verdes

Aceite de oliva

Sal y pimienta

1. Marinar el pollo con la sal, pimienta, limón, cúrcuma, jengibre y comino. Darle un masajito para que se impregnen los ingredientes.

2. Después del masajito, colar la preparación, reservando la salsa del marinado.

3. Calentar una olla con el aceite de oliva y sofreír la cebolla colorada y el ajo.

4. Agregar el pollo hasta dorar ambos lados.

5. Una vez logrado un color dorado uniforme, agregar la salsa del marinado a la cacerola y un vaso de agua.

6. Tapar 3/4 de la olla y dejar cocinando a fuego medio hasta que el líquido se reduzca y el pollo esté tierno.

7. Sacar el pollo de la olla y agregar a la salsa las aceitunas verdes. Cocinar 5 minutos más.

8. Cubrir el pollo con la salsa de aceitunas, hojas de cilantro fresco y rodajas de limón.

Si no tenés apuro y podés dejar el pollo marinando en la heladera un buen rato, ¡perfecto!

BOLSITAS DE
POLLO MARINADO

*Para tener
siempre a mano.*

Más que una receta lo que me interesa darte es una idea simple:
si marinás carnes de antemano vas a tener opciones refrigeradas
siempre listas para usar. Porque vos y yo sabemos que gran parte
del temita de la cena diaria es pensar qué vamos a comer.

Estas bolsitas son un "flota flota" genial para cuando llegás tarde, cuando
no tenés ganas de cocinar o simplemente para cuando te faltan ideas.

Las hacés todas juntas el mismo día, las tenés en la heladera si
son para comer pronto, o congeladas si son para guardar.
¡Así resolvés varias comidas al mismo tiempo!

Una marinada está compuesta por:

Un ácido, que ablanda
y suaviza la carne, como
limón, vinagre, vino
o cerveza.

Un aceite o manteca,
que ayuda a mantener
su humedad durante la
cocción.

Hierbas y especias,
que saborizan.

Podés marinar:

- Carne de ternera, cerdo, pollo, pescado... ¡cualquier tipo de carne!

- Vegetales que luego vayas a hacer cocidos como papas, calabaza, morrones, cebollas, calabacín, etc. En este caso prefiero las marinadas solo con aceite y hierbas, ya que si no toman mucho sabor a vinagre... aunque con algunas verduras suele estar buenísimo.

Para cocinarlas:

- Vaciar la bolsita en una sartén a fuego fuerte. Dorar. Servir.

- Después te ponés las pantuflas y rogás que estén dando una de Julia Roberts.

Mis propuestas:

Marinada AGRIDULCE ESTILO CHINO
(¡prueben esta!)

2 dientes de **ajo** picados, 1 rodaja de **jengibre** picada, ½ taza de **salsa de soja**, ⅓ de taza de **agua**, 1 cda. de **maicena**.

Marinada PROVENZAL:

jugo de 1 **limón**, 3 cdas. de **perejil** picado, 2 dientes de **ajo** picados, **aceite de oliva**.

Mis bolsitas son más económicas, saludables y prácticas que cualquier precocinado del súper. Después no digas que no te cuido.

Marinada de NARANJA Y MOSTAZA:

jugo de 1 **naranja**, 1 cda. de **mostaza**, 1 cdita. de **ajo en polvo** (o 1 diente grande de ajo picado), 1 puñado de hojas de **albahaca**, 1 pizca de **orégano**, 2 cdas. de **vinagre**. Opcional: 1 cda. de **miel**.

Marinada de ACETO:

2 cdas. de **aceto**, 1 rama de **romero**, 1 cda. de **mostaza**, 1 cdita. de **ajo en polvo**, **aceite de oliva**.

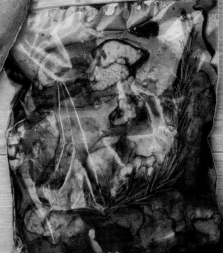

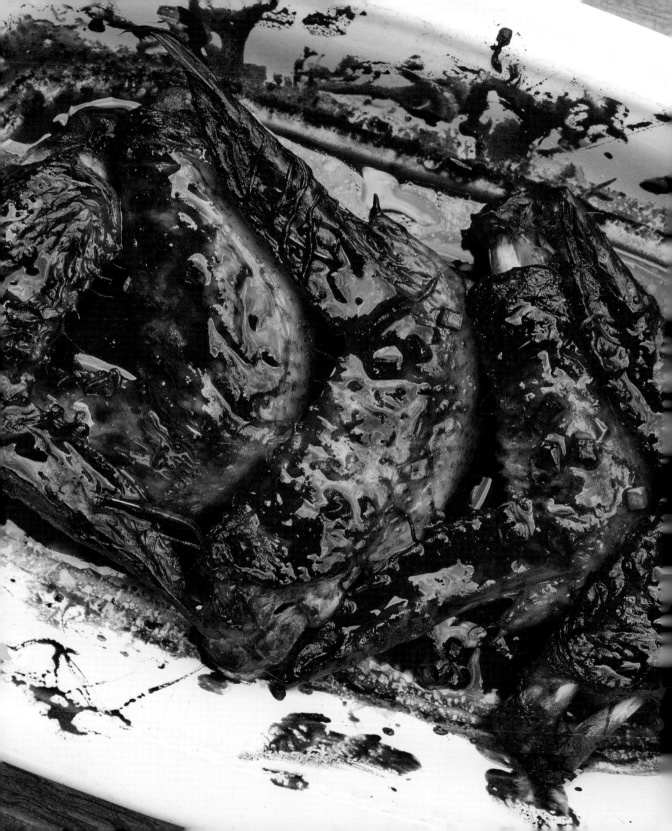

ALITAS
ADOBADAS

¿Me explicás por qué la parte más jugosa y rica del pollo tiene que ser la más incómoda de comer? ¿Costaba mucho hacer que la pechuga tenga el sabor y la textura de la alita? Seguro que no. Pero dale, parirás con dolor, ganarás el pan con el sudor de tu frente y comerás la parte más rica del pollo transpirando el diente y embadurnándote las manos de comida. Aquí una versión para que el trabajo de comerlas tenga mucho más sentido.

Para 3 porciones

1 kg de alitas de pollo
1 diente de ajo
1 vaso pequeño de salsa de soja
Jugo de 1 limón generoso (o de 2 limones tacaños)
1 cda. muy panzona de miel
½ ají puta parió (opcional, si te gusta picante)
1 cda. de orégano
1 chorro de aceite de oliva
Sal y pimienta

1 Lavar las alitas de pollo y separar el muslito del ala.

2 Colocar en una fuente para horno. Salpimentar y llover con la cucharada de orégano.

3 Preparar el adobo: mezclar en un bol la salsa de soja, la miel, el ajo picado, el jugo de limón y, si querés, el ají también picado. Llevar a microondas por 30 segundos. Esto es solo para que se caliente y se funda la miel. Revolver.

4 Cubrir las alitas con el adobo y reservar el mayor tiempo posible. Si hay apuro no pasa nada, pueden ir así al horno.

5 Llevar a horno fuerte y precalentado. Cuando se vean doradas, darlas vuelta y volver a meterlas en el horno. Este paso es fundamental para que el adobo se impregne bien por todos lados. En total son unos 20 minutos, pero siempre depende del horno.

6 Retirar del horno, arremangarse y disfrutar.

POLLO
AL AJILLO

Un recetón que repito una y otra vez.

Para 4 porciones

4 muslos de pollo

4 dientes de ajo

1 taza de vino blanco

2 tazas de caldo de pollo
(o agua + calditos)

Aceite de oliva, sal
y pimienta

1   Picar los dientes de ajo grandes. Lavar el pollo
    y (si querés) quitarle la piel.

2   En una olla o sartén, poner un par de cucharadas de
    aceite de oliva y rehogar el ajo. Es importante que el
    ajo no se queme ni se dore demasiado porque sino
    quedará amargo. Son unos 30 segundos, cuando lo
    veas apenas amarillento, lo sacás con una espumadera.

3   En ese fondo de cocción del ajo, colocar las presas de
    pollo y cocinarlas a fuego medio hasta que estén bien
    doradas de ambos lados.

4   Agregar el vino blanco de una sola vez y cocinar hasta
    que se evapore todo el alcohol, son unos 4-5 minutos.

5   Agregar los ajos y el caldo de pollo. Tapar la sartén
    y cocinar unos 10 minutos, hasta que el pollo esté
    bien cocido. La salsa se espesará sola.

¡Sin duda una de mis recetas de pollo
favoritas, me queda igual que a mi tía Emi!

BASTONES DE
POLLO Y PARMESANO

¡Súper crocantes!
Ideales para picar con la mano.

2 pechugas de pollo

2 huevos

1 taza de queso parmesano rallado

1 taza de pan rallado

2 cdas. panzonas de polenta

Sal, pimienta y aceite

1. Cortar las pechugas de pollo en tiras de 2 cm aprox.

2. Batir los huevos en un bol y agregar sal y pimienta.

3. Agregar a los huevos la taza de queso parmesano rallado.

4. Incorporar las tiras de pollo y mover bien, intentando que el huevo y el queso las cubran por completo.

6. Mezclar el pan rallado con la polenta hasta que queden bien unidos.

7. Sacar cada tira de pollo y rebozarla en el pan rallado y la polenta.

8. Para cocinarlas: podés hacerlas al horno o fritas. Si es al horno, dar vuelta a la mitad de la cocción. ¡Ideal para disfrutarlas con algún dip!

>>   Si los vas a hacer al horno, agregá 3 cdas. de aceite a la mezcla del rebozador. Esto hará que queden doradas sin usar aceite de más.   <<

POLLO AL CURRY EXPRESS

Este me vuela la peluca.

~~~~~~

Para 2 porciones

2 supremas o pechugas de pollo

1 cda. panzona de curry (suave o picante)

2 dientes de ajo

1 taza de caldo de pollo (o de verduras, o agua + caldito)

Sal, pimienta y aceite de oliva

1 Cortar el pollo en tiras de unos 2 cm aprox. Picar el ajo.

2 Salpimentar el pollo y mezclarlo con el curry, el ajo picado y un buen chorro de aceite de oliva. Mezclar con las manos hasta que el condimento se integre bien. Dar cariño y reservar.

3 Calentar una sartén de fondo grueso y colocar el pollo condimentado. Dejar que se dore de ambos lados, dándolo vuelta solo una vez.

4 Una vez que está dorado, agregar la taza de caldo y dejar cocinar unos 10 minutos con la olla semi destapada, para que reduzca la salsa.

5 Luego de este tiempo tu pollo al curry ya está listo pero te cuento cómo me gusta a mí: yo subo el fuego hasta que el caldo se evapore casi por completo. Así queda casi sin salsita pero con una cubierta más espesa y brillante que ¡me encanta!

CERDO Y TERNERA
rockstars

Se me van corriendo de la alfombra roja porque
este es el capítulo de las carnes. Y vieron
que la carne tiene ese complejito de estrella
del show, como que si no es protagonista
prefiere no figurar. Por las dudas, acá
le seguimos la corriente, no vaya a ser que
se nos ofenda. Señoras y señores: con ustedes,
estas recetas de ternera y cerdo rapidísimas.
¡Fuerte ese aplauso!

CERDO
AL ACETO

Mi receta de cabecera para carnes rápidas. Veo la foto y shoro.

Para 2 porciones

½ kg de matambre de cerdo (puede ser otro corte)

3 dientes de ajo

150 cc de aceto balsámico

Semillas de comino

Aceite, pimienta y sal

1 Cortar el cerdo en cubos de 2 x 2 cm y salpimentar.

2 Sellar el cerdo a fuego fuerte en una sartén con aceite de oliva unos 3 minutos en total.

3 Cuando el cerdo esté dorado agregar el aceto balsámico y el comino.

4 Poner en fuego medio y dejar que el alcohol del aceto se evapore 5-7 minutos.

5 Servir con unas hojas de rúcula fresca o papas al natural.

Sentime bien lo que te digo:
¡NI SE TE OCURRA
saltearte el comino!

BONDIOLA
A LA NARANJA

En 15 minutos, un platazo para cancherear en el barrio.

¿No tenés naranja?... ¡Bondiola al limón!

Para 2 porciones

4 churrasquitos de bondiola de cerdo

1 naranja

Ají molido (opcional)

Sal, pimienta y aceite

1 Salpimentar los churrasquitos de bondiola y colocarlos en un cuenco o plato. Cubrirlos con la ralladura de la naranja por ambos lados. Agregar el ají molido si te gusta picante.

2 Calentar en una sartén un hilito de aceite de oliva. Cocinar los churrascos de bondiola hasta que estén dorados de ambos lados, no mucho, unos 3 minutos de cada lado.

3 Bajar el fuego y rociar con el jugo de la naranja. Dejar así un minuto más.

4 Servir y comer inmediatamente.

Es importante no rallar la parte blanca de la cáscara de la naranja, que es amarga.

90

MILANESITAS DE CERDO
A LA CERVEZA

*Dios bendiga a la milanesa
en todas sus formas.*

Para 2 porciones

6 milanesitas de cerdo, finitas

1 taza de harina integral

½ taza de pan rallado

½ vaso de cerveza

1 huevo

1 diente de ajo

1 cda. de salsa de soja

Tomillo

1 Mezclar en un bol el huevo, el tomillo, el ajo picado, la salsa de soja y la cerveza. Batir.

2 Las milanesitas: lo ideal es que sean bien finitas. Salarlas y pasarlas una vez por la harina integral. Incorporarlas a la marinada, embeberlas bien. Si las podés dejar reposar un rato, mejor.

3 Mezclar el pan rallado con el resto de la harina integral y rebozar las milanesas de un lado y del otro.

4 Freírlas en aceite muy caliente hasta que estén doradas de ambos lados.

CERDO
A LA MOSTAZA
RÁPIDO

*Ideal para hacer cuando
hay invitados.*

Para 2 porciones

4 churrasquitos de
carré de cerdo

2 limones

½ taza de vino blanco

1 cda. de mostaza

1 cda. de miel

1 cda. de maicena

Aceite, sal y pimienta

1 Salpimentar los churrasquitos y dorar de ambos lados
en una sartén con un hilito de aceite. Retirar.

2 En un bol, mezclar el jugo de los 2 limones, la mostaza,
la miel, el vino y la maicena. Revolver hasta que la
maicena se haya disuelto bien.

3 En el fondo de cocción del cerdo, al fuego, echar todo
el líquido que preparamos y revolver continuamente
con una cuchara de madera. Enseguida, la salsa
comenzará a espesar, seguir revolviendo así unos 2
minutos.

4 Bajar el fuego a mínimo y regresar el cerdo a la sartén,
con la salsa. Tapar y dejar cocinar unos 15 minutos más.
Si la salsa se te espesa demasiado, podés añadir un
poco de agua. Autoaplauso y a la mesa.

SOLOMILLO
AL WHISKY

Mi tapa andaluza preferida.
Súper fácil y exquisito.

Para 2-3 porciones

1 solomillo de cerdo
6 dientes de ajo sin pelar
2 cdas. de jugo de limón
150 ml de whisky
½ taza de caldo
Sal y pimienta

1 Cortar el solomillo en rodajas finas. Aplastar los ajos sin pelar con la hoja de un cuchillo. Dorar el cerdo y los ajos en una sartén al máximo con aceite de oliva de ambos lados. Retirar el cerdo y dejar los ajos.

2 Con la sartén en fuego medio, agregar el jugo de limón y remover durante un minuto el fondo con cuchara de madera.

3 Agregar el whisky y dejar que se evapore el alcohol 2-3 minutos.

4 Volver a echar el cerdo en la olla, agregar el caldo y cocinar unos 5-7 minutos más.

5 Servir bien caliente. Vale mojar el pan.

Para la guarnición:
me encantan las papas
españolas, cubiertas
con la misma salsa.

CERDO AGRIDULCE
ESTILO CHINO

Para 2 porciones

2 bifes de cerdo "gorditos" y amables (yo uso bondiola o matambrito)

½ morrón rojo

½ morrón verde

½ cebolla

2 dientes de ajo

2 rodajas de jengibre

2 zapallitos

½ taza de salsa de soja

⅓ taza de agua

1 cda. de maicena

1 cda. de azúcar negra (puede ser otro tipo de azúcar)

4 cdas. de vinagre

Opcionales: champiñones, ananá en cubitos u otras verduras.

1 Cortar el cerdo en trozos pequeños, como un bocado, de modo que no haya que cortarlo luego.

2 Mezclar la media taza de salsa de soja con el 1/3 de taza de agua y la cucharada de maicena. Disolver bien la maicena. Bañar el cerdo con esta salsa, tapar con papel film y llevar a la heladera, mientras preparamos el resto de los ingredientes.

4 Cortar las verduras en trozos grandes y el ajo picado groseramente, no muy pequeño. El jengibre, rallado o bien picado.

5 Escurrir el cerdo marinado pero no descartar la salsa, que la usaremos luego. Calentar un poco de aceite en una sartén profunda (o mejor en un wok si tenés) y dorar allí los trozos de cerdo levemente escurridos, hasta que estén dorados de ambas caras. Retirar y reservar en un plato aparte.

6 En el fondo de cocción del cerdo, echar los vegetales cortados. Si hace falta, agregar un poco de aceite. Saltear removiendo continuamente. No tienen que cocinarse demasiado, deben quedar al dente.

7 Mezclar el vinagre con la cucharada de azúcar y disolver.

8 Una vez que los vegetales estén al dente, agregar el cerdo reservado y su marinada. Remover y agregar la mezcla de vinagre y azúcar. Cocinar hasta que reduzca el vinagre y deje de salir olor fuerte, removiendo casi continuamente.

9 Servir caliente, genial acompañarlo con arroz blanco.

Esta receta es la marinada del éxito para dar ese dejo que tiene la comida china (o al menos la que comemos aquí) a tus recetas. Podés usarla con pollo, verduras y otras carnes, además de cerdo.

CHURRASCO
CON SORPRESA

Te parecerá raro. Haceme caso igual.
No te vas a arrepentir.

2 churrascos (a mí me gusta el bife de chorizo... ¿a quién no...?)

2 cditas. de pimentón ahumado

2 cditas. de azúcar

1 cdita. de sal

1 cdita. de café

Pimienta

1   Mezclar en un cuenco el pimentón ahumado, el azúcar, la sal, el café y la pimienta. Unir bien.

2   Colocar la mitad de la mezcla de café sobre uno de los lados de los churrascos.

3   Calentar la plancha. Colocar los churrascos con el lado untado con la mezcla hacia abajo (sobre la plancha). Mientras se cocina, agregar el resto de la mezcla por encima, del lado que no habíamos untado. Cocinar de cada lado, aproximadamente 2 minutos. Esto es a gusto, por supuesto, cada uno conoce su tiempo churrasquil.

4   Sacar de la plancha y comer inmediatamente. No se asusten si parece quemado. Es eso: parece. La mezcla es oscura y en contacto con la plancha oscurece aún más pero no está quemada (eso lo pueden ver raspando un poquito el churrasco con un cuchillo, verán que debajo no está marcado). Y ahora que terminaron de comer y están muy felices, mientras disfrutan el último trocito, agarran el celular y me escriben este tweet:

LINK
A VIDEO

@paulina_cocina, nunca más volveré a desconfiar de vos, tu churrasco con café es la gloria.

MÉTODO RÁPIDO PARA
CARNES AL HORNO

1 ojo de bife de 700 g
más o menos

Chimichurri (ver p. 28)

1 Primero atar el ojo de bife por los costados, con hilo de algodón o hilo de cocina. Esto lo hacemos para que no pierda la forma. No está bien perder las formas, chicos, esto ya lo saben.

2 Calentar una plancha recontra caliente, al máximo y por 10 minutos. Y también prendemos el horno, porque lo necesitaremos precalentado.

3 Cuando la plancha está bien caliente, ponemos el ojo de bife, cocinándolo unos 3-4 minutos de cada lado.

4 Retirar el ojo de bife de la plancha y ponerlo en una fuente para horno. Colocar por encima el chimichurri (ponele bastante) y llevar al horno a temperatura media-alta. Con 10-15 minutos será suficiente.

5 Retirar del horno, dejar reposar unos minutos para que se asienten los jugos y servir.

Este método es ideal para carnes de calidad y muy tiernas: lomo, ojo de bife, bife de chorizo. Con carnes menos nobles, lo mejor es hacer una cocción lenta y larga.

CARNE AL
VINO TINTO

*Un platazo para mojar
el pan en minutos.*

1 colita de cuadril,
lomo o peceto

12 aceitunas

1 cebolla

½ l de vino tinto

½ taza de caldo de carne

1 cda. de harina

Mostaza antigua

Sal, pimienta y aceite

1 Untar la carne con la mostaza por todos lados. Sellarla en una sartén caliente, hasta que esté bien dorada. ¡Y no laves la olla!

2 En ese fondo de cocción, agregar un chorrito más de aceite y rehogar la cebolla picada. Salpimentar.

3 Agregar la cucharada de harina y remover hasta que se vea tostada.

4 Incorporar el vino y remover unos 3-4 minutos, hasta que deje de salir olor borrachín.

5 Agregar el caldo y las aceitunas y cocinar por 5 minutos.

6 Incorporar ahora la carne cortada en trozos, rectificar sal, tapar la olla y cocinar por 5 minutos más. ¡Listo! Platazo en media hora.

LEGUMBRES
sin cita previa

Esos que en junio ya planearon las vacaciones
de enero son los mismos que te remojan
el poroto el día anterior como si nada.
Yo estoy en la vereda de enfrente, parada
junto al cartel de "qué pena que no los remojé
anoche". Es un hecho que los porotos no pueden
hacerse en media hora, Dios es omnipotente
pero tampoco es Maradona. Es por esto que
recurro a las legumbres de lata: son ricas,
prácticas y en general contienen solo agua y sal.
Así logro comer garbanzos sin tanta planifiación.

GUISITO DE
LENTEJAS EXPRESS

Práctico, rápido y genial. En invierno hago uso y abuso de esta receta.

Para 4 porciones

2 latas de lentejas

1 cebolla

2 cebollas de verdeo

½ calabaza

200 g de panceta ahumada

6 tomates secos

2 dientes de ajo

½ morrón rojo

½ chorizo colorado

½ cdita. de ají molido

1 taza y media de caldo

4 cdas. de puré de tomate

Sal, aceite, pimienta

1 Cortar la panceta y el chorizo colorado en trozos chicos. Colocarlos en una olla sin aceite a fuego fuerte. Dorar de ambos lados hasta que se desgrasen. Retirar.

2 Limpiar la olla con un papel de cocina para retirar el exceso de grasa. Agregar un chorrito de aceite y rehogar ahí la cebolla, el verdeo, el ajo y el morrón rojo, todo picadito. Agregar sal y pimienta.

3 Cuando el rehogado esté bien amoroso, agregar la calabaza cortada, en trozos y el tomate seco picado, sin hidratar. Remover.

4 Incorporar el chorizo y la panceta que se estaban aburriendo al lado, el caldo y el puré de tomates. Tapar y cocinar a fuego medio hasta que esté lista la calabaza (unos 7-10 minutos).

5 Incorporar las lentejas escurridas y cocinar unos 5 minutos más, olla destapada, hasta que se calienten. Serví bien calentito. Meté siesta.

Si querés desgrasar más el chorizo colorado, podés hervirlo en agua 15 minutos.

FALAFEL

*Lo mejor que puede pasarle
a un garbanzo.*

Para 1 docena

1 lata de garbanzos
½ cebolla
1 manojo de cilantro
½ taza de harina
1 diente de ajo
1 limón
Pan rallado
1 pizca de comino
Aceite, sal y pimienta

Podés bañarlo con esta
salsa de yogurt:

2 cdas. de yogurt natural
1 cda. de tahini
Jugo de 1 limón
1 diente de ajo picado
Sal, pimienta y aceite
de oliva

1 Triturar los garbanzos hasta que quede una pasta.

2 Agregar a esta pasta los condimentos (sal, pimienta y comino), el ajo, el cilantro y la cebolla picada. Mezclar bien.

3 Agregar el jugo de limón y la harina. Unir bien con las manos hasta que te quede una masa.

4 Formar las bolitas de falafel (más o menos del tamaño que hacés las albóndigas) y pasarlas por pan rallado. Es importante que cuando hagas las bolitas aprietes un poco la masa con las manos para que quede compacta, sino se desarmará en la cocción y te pondrás a llorar.

5 Freír el falafel en abundante aceite caliente, que quede dorado por todas partes.

6 Para la salsa, mezclar bien todos los ingredientes hasta unir.

Paulina, ¿se pueden hacer al horno que no quiero comer frito?

Sí, María Marta, claro. Pero me los rociás con un poco de aceite para que te queden dorados.

Si fueras un garbanzo, querrías un final como este, yo sé lo que te digo.

GUISO
BLANCO
Y ROJO

Atendeme este guisito que sale
en 20 minutos.

2 **latas** de porotos blancos

1 morrón rojo

3 tomates perita

6 tomates secos

1 cebolla

3 **dientes** de ajo

1 **cda.** de azúcar

1 chorizo colorado

1 taza y ½ de caldo

Pimentón dulce
(o picante, a piacere)

Perejil

Aceite de oliva

Sal, pimienta

1   Lo primero que hacés es poner en una ollita con agua hirviendo el chori para desgrasarlo por 10 mintuos. Mientras vas haciendo el resto.

2   Cortar las verduras en trozos grandes, así a la que te criaste. El tomate pelado y sin semillas; y el ajo, en láminas. El tomate seco también en trozos grandes, sin hidratar.

3   En una olla con un hilito de aceite saltear las verduras unos 7 minutos. Salar para que se ablanden más rápido.

4   Cuando estén blanditas llover con la cucharada de azúcar y cocinar un minuto más.

5   Agregar el chorizo escurrido y cortado en trozos, los porotos escurridos y el caldo. Rectificar sal y agregar bastante pimentón.

6   Dejar hervir hasta que los tomates estén blandos y el guiso bien integrado. Servir llovido con perejil pero antes sacale la foto del orgullo.

ENSALADA DE
LENTEJAS Y CEBOLLA

Ideal para tener en la heladera en verano.
Fresca, nutritiva y saciadora.

Les voy a decir la verdad: esta ensalada me la hicieron
probar de "prepo". Lenteja y mayonesa me parecía
un matrimonio imposible pero miren: el amor no conoce
de prejuicios y, desde que la comí, se la hago probar
a todo el mundo.

2 latas de lentejas

1 limón

3 cdas. de mayonesa

½ cebolla

Perejil picado

1. Picar la cebolla fina y pasarla un minuto por agua bien caliente, para hacerla menos fuerte.

2. Escurrir las lentejas y mezclarlas bien con la cebolla y salpimentar.

3. Agregar la mayonesa, el jugo de limón, un pelín de ralladura de la cáscara. Mezclar bien.

4. Llover con perejil picado y servir. Parece una tontería pero es mi ensalada de cabecera de verano.

MEDALLONES DE GARBANZOS

Súper saludables, riquísimos y crocantitos.

Para unas 6-8 milanesas

1 lata de garbanzos

2 cebollas de verdeo

1 diente de ajo

1 trozo de morrón rojo

Perejil picado

½ taza de avena instantánea

1 huevo

1 taza de pan rallado

½ taza de semillas de sésamo

Aceite

Sal y pimienta

1   Triturar los garbanzos. Mezclarlos con las cebollas de verdeo, el ajo, el morrón rojo y el perejil, todo picado.

2   Agregar el huevo y la avena. Mezclar hasta que quede una pasta.

3   Formar los medallones haciendo bolitas primero, y luego aplastarlas para que tengan forma de medalla olímpica.

4   Mezclar el pan rallado con las semillas de sésamo. Rebozar los medallones en esta mezcla, sin pasarlos por huevo, directamente.

5   Hornear a fuego fuerte con un hilito de aceite hasta que estén dorados de ambas caras. Se pueden freír.

LINK A VIDEO

¡Ideales para congelar y tener a mano en caso de desastre nuclear!

LA PICADITA
improvisada

Los invitados sorpresa no existen más. ¿Quién toca el timbre sin avisar? ¿Quién va a una casa sin pegar un llamado, así sea para ahorrarse el paseo sin sentido? Nadie. Lo que sí existe son los amigos que se quedan. Vienen a tomar mate, se termina la pasta frola, se destapa una cerveza y sin querer estás de productor ejecutivo de una gran picada. Aquí varias ideas para improvisar con lo que tenés.

PALMERITAS **SALADAS**

¿Tenés una masa para tarta?
Tenés palmeritas saladas.

1 masa
para tarta

Opción 1

Jamón
Queso

Opción 2

Pesto
Parmesano
rallado

Opción 3

Orégano
Mozzarella
Puré de
tomate
Salame

Opción 4

Queso
de cabra
Nueces
Azúcar

1 Estirar la masa de tarta sobre la mesada. Si es cuadrada, mejor. Si no lo es, lo hacemos igual.

2 Colocar los ingredientes de tu palmerita sobre la masa, en capas. Por ejemplo: una capa de jamón y una de queso.

3 Enrollar un lado, hasta la mitad, y luego el otro.

4 Cortar las palmeritas con un cuchillo filoso de 1 cm aprox. Descartá los bordes.

5 Colocar en una fuente enmantecada. Podés aplastarlas un poquito para mejorarles la forma.

6 Hornear a temperatura media hasta que se vean doradas.

TOSTADITAS DE QUESO BRIE Y MERMELADA

Tostaditas o pan
(puede ser del día anterior)

Mermelada de arándanos,
frutos rojos o similar

Queso brie
u otro queso

1   Colocar las tostaditas en una
    placa para horno. Si es pan, cortar
    en rodajas finas. Dorar de un lado
    y dalas vuelta.

2   Una vez dadas vuelta, agregar
    una cucharadita de mermelada y,
    sobre esta, el queso brie (también
    queda bien con roquefort o de
    cabra).

3   Llevar a horno lo suficiente para
    que el queso se caliente pero no
    se derrita del todo.

4   Agregar más mermelada por
    encima.

GARBANZOS
CROCANTES

Con una latita, un snack riquísimo... ¡y adictivo!

1 Escurrir una lata de **garbanzos** y colocalos, separados, en una placa para horno.

2 Bañarlos con un chorrito de **aceite** y **curry o pimentón** por encima.

3 Llevar a horno medio, moviendo la placa de vez en cuando, hasta que estén crocantes.

PALITOS
DE QUESO

O sobre el uso y abuso
de la masa para tarta.

1 Estirar una **masa de tarta** sobre la mesada. Untarla con **manteca** derretida y lloverla con bastante **queso parmesano**. Presionar con las manos para que se adhiera.

2 Cortar en tiritas de 1 cm aprox. y colocarlas en una placa para horno torciéndolos por las puntas hasta que se vean *mononos*.

3 Hornear hasta que estén crocantes y dorados.

¿Tenés tapas para empanadas? Dale para adelante. ¡Mini palitos de queso!

QUESOS
TUNEADOS

Porque no siempre
tenemos una variedad
de quesos decentes
en la heladera, te enseño
a darle diferente aspecto
y sabor al queso
que tengas.

~ o ~

¡ALERTA!

Antes que nada una
cosa: si tenés un buen
queso, de esos que
valen mucho mucho la
pena, y le hacés esto,
este libro se cierra
herméticamente y no
se vuelve a abrir hasta
que entiendas que esto
es para tirarle una onda
a ese quesito que se
está aburriendo en la
heladera.

1

Bolitas de queso

Mixear restos de cualquier queso hasta formar una pasta/masa. Si no pusiste ningún queso blando y querés hacerla más moldeable, podés agregar un poquito de queso crema o crema de leche. Formar bolitas y rebozarlas en semillas.

2

Quesos semi duros

Quedan riquísimos y diferentes cortados en taquitos y bañados en un rico aceto balsámico.

3

Quesos blandos

Cortarlos en láminas, bañarlos con un chorrito de aceite de oliva y orégano por encima.

4

Crema de queso viejo

Quitar las partes muy duras a tu queso viejo. Mixearlo con 1 cda. de queso crema. Dependiendo del queso que sea, podés saborizarlo: agregarle pimentón, pesto, pimienta, etc. Bajá a comprar grisines por lo menos porque no sabés lo rica que queda.

POCHOCLOS CON
PARMESANO

Súper crocantes y rapidísimos,
ideales para acompañar
una cerveza fresca.

Colocar tres cucharadas de **maíz pisingallo** en una olla con tapa, a fuego fuerte. El maíz comenzará a explotar. Así vienen los pochoclos al mundo. Mové la olla de vez en cuando. Cuando los plops se hagan más espaciados, sacar la olla del fuego e, inmediatamente, llover con dos cucharadotas de **parmesano rallado** y una cucharadita de **orégano**. Remover bien. El calor hará que el queso se pegue a los pochoclos, cosa que te emocionará en la profundidad de tu ser.

GARRAPIÑADAS
PICANTES

1 taza de maní crudo
y con cáscara
(pueden ser almendras)

½ taza de azúcar

¼ taza de agua

½ cdita. de pimienta

½ cdita. de ají molido

*Leíste el título
y se te piantó un lagrimón.*

1 Colocar el maní con el azúcar y el agua en una olla a fuego fuerte. Revolver continuamente hasta que el agua se evapore. Son unos minutos. Cuando el agua se evapore, el azúcar comenzará a cristalizarse y a pegarse al maní.

2 Cuando este proceso comience, retirar del fuego, agregar la pimienta y el ají molido y seguir removiendo sin parar, hasta que esté todo bien seco.

3 Ahora volver la olla al fuego, sin parar de revolver. No tenemos que dejar que se ablande todo el azúcar, ni bien estén brillantes y parejitas las garrapiñadas, las sacamos. Abrí una cerveza helada y ponele el pecho al verano.

FAST FOOD
pero food de verdad

Si querés que los 30 minutos sean en realidad 15, lo ideal es tener un plan B en el freezer. Porque te atrasaste, porque te tenés que ir, porque no tenés ganas o porque están dando un capítulo del Chavo que nunca viste… y es muuuyyy difícil encontrar un capítulo del Chavo que no hayas visto. Ideas perfectas para tener congeladas o prehechas y sacar de la galera en cualquier ocasión.

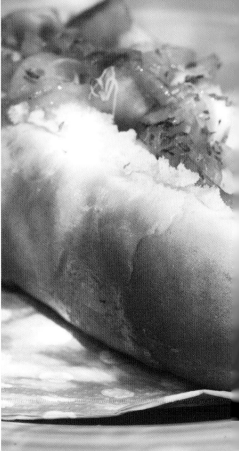

SALCHICHAS CASERAS

Sin conservantes ni colorantes, ¡y sin máquina!

En la práctica esta receta lleva mucho más de 30 minutos pero mis salchichas caseras, además de ser mi video estrella de Facebook, son ideales para tener en el freezer y utilizar en caso de apuro. No tienen ni un solo de los peros de las procesadas.

Para 12 salchichas

200 g de carne de ternera
200 g de carne de cerdo
100 g de panceta
1 cda. de maicena
1 vaso de cerveza helada
1 cdita. de ajo en polvo
Sal y pimienta

1 Picar la carne. Si te la pica el carnicero, tenés que pedirle que la pase dos o tres veces por la máquina porque debe quedar como una pasta. Más fina está picada la carne, más lisitas quedarán tus salchichas.

2 Agregar la cucharada de maicena, el ajo en polvo, la sal y la pimienta. Amasar hasta que todo se una.

3 Agregar de a poco la cerveza helada. Es importante que esté fría para que se una bien a la carne.

4 Attenti acá que viene lo importante: extender un papel film en la mesada, formar las salchichas con una manga pastelera del tamaño que quieras. También podés hacerlo con una bolsa o mismo con la mano. Cortar el film y envolver cada salchicha como si estuvieras envolviendo un caramelo, hasta que quede bien apretada. Reservar.

5 Para cocinarlas: colocar en una olla abundante agua con pimentón (genial si es caldo) y cuando esté a punto de hervir, agregar las salchichas, con el envoltorio de papel film y todo. Cocinar sin que hierva unos 8-10 minutos. Cuando las saquemos del agua, el film se saldrá solo y las salchichas estarán formadas. Ya se pueden congelar.

6 Para comerlas, colocarlas en una sartén con un hilito de aceite hasta que estén doradas.

LINK A VIDEO

¡*Customizame* la salchicha, amigo!
Podés ponerle mostaza, hierbas,
especias y hacerlas de pollo o pescado.

NUGGETS
DE POLLO

Crocantes y caserísimos.

Para 1 docena de *nuggets*

1 pechuga de pollo

1 cda. panzona de queso crema (yo le puse mascarpone porque soy muy cool pero puede ser cualquier queso crema)

2 rodajas de pan de molde

1 vaso de leche

1 huevo

Harina

Pan rallado

Aceite para freír (si los hacés fritos)

Sal y pimienta

1 Colocar las rodajas de pan de molde en la leche, sin corteza.

2 Quitar al pollo la grasa, las tiritas blancas y cualquier indeseable. Colocar el pollo en la procesadora y procesar hasta que esté hecho una pasta.

3 Agregar al pollo en la procesadora el queso crema, los panes remojados en leche escurridos (apretalos con la mano), sal y pimienta. Volver a procesar. Nos quedará una pasta más consistente.

4 Formar con esta pasta los *nuggets* de pollo: primero bolitas. El secreto para que las bolitas no se queden pegadas en las manos es tener las manos levemente mojadas con agua. Luego pasamos estas bolitas por harina.

5 Pasar los *nuggets* de pollo por huevo y luego por pan rallado. La forma que yo les doy: simplemente aplasto un poco las bolitas. Si la masa está bien hecha es muy fácil darle la forma que quieras.

6 Freír en aceite bien caliente hasta que estén doradas de ambos lados. También pueden hacerse al horno, con un poco de aceite debajo.

PIZZA
SIN HORNO Y SIN LEVADURA

Mi pizza hereje. Un enorme atajo para salir del paso sin llamar al delivery.

Para 1 pizza grande
o 2 pizzas chicas

1 y ½ tazas de harina
1 cdita. de polvo
para hornear
1 cdita. de sal
1 cda. de aceite de oliva
11 cdas. de agua

LINK
A VIDEO

1   Mezclar todos los ingredientes en un bol hasta que estén bien unidos. Debe quedar una masa suave que no se pegue en las manos. Si hace falta, agregar más agua o más harina.

2   Amasar la mezcla por unos 2 minutos para unir bien. Dejá reposar unos 10 minutos.

3   Aplastar la masa y moldear con un palo de amasar hasta dejar redonda. Puede ser con toda la masa o partirla a la mitad y hacer 2 pizzas pequeñas.

4   Terminar de moldear la pizza en la sartén formando un borde más gordito con el dedo para que no se escape la salsa ni el queso. Debajo, ponele un mini chorrito de aceite.

5   Llevar a fuego mínimo y, mientras se hace, ir poniendo la salsa y los trozos de queso. Después de unos minutos, tapar la mitad de la sartén y dejar así hasta que se derrita el queso, siempre a fuego mínimo. Una vez que esté dorada, sacar y comer de inmediato. ¡Listo! Ya hiciste la pizza casera más trucha y rica que puedas encontrar.

Cuando des el primer mordisco
a tu hamburguesa rellena
y veas cómo sale el queso
me enviás tus bendiciones
y listo, estamos hechos.

HAMBURGUESAS
RELLENAS

¡No podían faltar!

Para 4 hamburguesas

½ kg. de carne picada

1 cebolla de verdeo

½ cebolla morada

2 cdas. de pan rallado

2 cdas. de parmesano
rallado

1 chorro de crema de leche

300 g de mozzarella

~ ○ ~

Además de queso podés
ponerle otras sorpresitas
dentro: hongos secos,
queso azul y mermelada,
un tomate seco
hidratado...
y ya, controlate que es
una hamburguesa,
no una piñata.

1 Colocar en un bol la carne, el pan rallado, el queso
rallado, las cebollas bien picadas y el chorro de
crema de leche. Mezclar con la mano hasta que
quede todo bien unido. Amasar un poco.

2 Formar una bolita de carne y aplastar con la mano.
Colocar sobre este disco una buena porción de
queso mozzarella. Lo ideal es que el queso esté
bien en el centro y que quede un espacio en los
bordes para cerrarla bien.

3 Colocar otra bolita de carne por encima y apretar
con ambas manos hasta unir bien los bordes.
Masajear un rato la cosa hasta que quede una
bonita hamburguesa redonda, emprolijar los
bordes, que deben quedar completamente sellados
y reservar. No es difícil que queden bien.

4 Calentar una plancha bien, pero bien calentísima.
La cocción tiene que ser rápida y fuerte para que
todo esté listo antes de que el queso decida salir.
Colocá las hamburguesas en la sartén. Se cocinan
unos 2 minutos de cada lado, 3 si te gustan más
cocidas.

FAJITAS
MENTIROSAS

Si me disculpan los mexicanos,
vamos a hacer fajitas con tapas
para empanadas.

6 tapas para empanadas
1 pechuga de pollo
½ morrón rojo
½ morrón amarillo
½ cebolla
1 palta
1 cda. panzona
de queso crema
1 limón
1 diente de ajo
Sal, pimienta y aceite

Mis hijos adoran esta
receta en la que cada
uno arma su plato
como quiere.

1 **Las "tortillas":** estirar cada tapa para empanada con palo hasta dejarla fina. Calentar una sartén sin aceite a fuego medio. Andá poniéndolas ahí de a una. Cuando empiezan a cocinarse (a ponerse pálidas), las das vuelta. Cuando están de ambos lados, las vas poniendo en un plato tapadas con un repasador para que no pierdan humedad.

2 **El pollo:** cortarlo en tiritas y saltearlo en un hilito de aceite, hasta que esté dorado por todas partes. Tirá el dientito de ajo ahí al pasar, entero y con cáscara, que nunca está de más. Salar y reservar tapado.

3 **Las verduras:** en el fondo de cocción del pollo y a fuego fuerte, agregar más aceite y saltear la cebolla primero y los morrones después, todo cortado en tiras. ¡Que no queden muy blandos!

4 **La salsa:** pisar la palta y mezclarla con el queso crema, el jugo y la ralladura del limón. Y ya que tenés el diente de ajo del pollo, lo pelás, lo picás y se lo agregás.

5 Llevar todo a la mesa por separado para que cada uno arme su fajita.

FLAMENQUINES
DE PAN

*¡Si no conocen esta receta
les va a encantar!*

Para 2 porciones

6 rebanadas de pan
de molde sin corteza

6 fetas de jamón cocido

6 fetas de queso
de máquina tipo cheddar

1 huevo

Pan rallado

Aceite para freír

Sal y pimienta

Es importante freír los
flamenquines de inmediato
después del rebozado,
porque si absorben mucho
huevo perderán su forma.

1   Mientras vas calentando el aceite para freír: estirar
    cada rodaja de pan lactal con el palo hasta que quede
    bien fina.

2   Colocar sobre cada pan una feta de jamón y una de
    queso. Enrollarlos hasta que quede un cañoncito
    apretado. No soy buena para las metáforas, disculpen.

3   Batir el huevo con sal y pimienta. Pasar por huevo
    cada flamenquín y rebozarlo en el pan rallado,
    asegurándonos de que quede cubierto por todos lados,
    sobre todo por los bordes.

4   Freír los flamenquines inmediatamente hasta que
    estén dorados y escurrir. Se puede acompañar con la
    salsa de queso (pág 125) o la de yogurt (pág 108).

DULCES, POSTRES Y ANTOJITOS
de última hora

Y llegamos al final con las opciones dulces para salir del apuro (¡o no!). Meriendas, sobremesas improvisadas, traete algo para el mate, me comería una torta ya, no llego con el postre de la cena... todo puede resolverse en poco tiempo y con ingredientes simples.

ANANÁ TIBIO AL ROMERO

Mirá qué postre tan paquetón con una lata de ananá.

En una sartén, colocar 4 cucharadas de **miel**, 4 cucharadas de **jugo de naranja** y 1 ramita de **romero** fresco. Calentar unos segundos hasta que la miel se vuelva líquida y se integre con la naranja. Bañar con esto rodajas de **ananá** que si es fresco genial pero si es de lata va como… ¡piña!

Vale ponerle una bocha de helado arriba.

SÁNDWICHES DE CHOCOLATE

*Para postre o una rica
merienda de invierno.*

Untar unas buenas rodajas de **pan de
campo** (o **pan de molde**, en su defecto),
con un poco de **manteca**. Colocar dentro
chocolate semiamargo: puede ser rallado,
en barra, chips, pero que sea una buena
cantidad. Dorar los sándwiches de ambos
lados en una sartén con un poco de **manteca**.
Aplastarlos con algo para que queden
sellados. Espolvorear, si querés, con **azúcar
impalpable**.

MOUSSE DE CHOCOLATE
DE 2 INGREDIENTES

Más fácil imposible.

~~~~~~

Para 3-4 porciones

Batir 600 g de **crema de leche** a medio punto, que quede "chirle" y no forme picos. Derretir 320 g del **chocolate** que te guste (blanco, semiamargo, con leche) a baño maría o con golpes de a 30 segundos en microondas.

Con el chocolate aún caliente, mezclar una parte de la crema de leche (unas 5 cucharadas más o menos), hasta que esté bien unido. Ahora atención: mixear esta preparación durante un minuto. Esto dará brillo y consistencia a la mousse. Una vez hecho esto, incorporar el resto de la crema con espátula y en dos pasos, con movimientos suaves y envolventes. Un poco de frío y listo.

~~~~~~

*Esta mousse mejora
cuanto más frío se le da.*

FLAN
DE 2 MINUTOS

Existe, es fácil y queda muy bien.

Para 1 flan individual

En un recipiente chico apto microondas colocar 1 cucharada de **agua**, 2 cucharadas de **azúcar**. Mezclar y llevar a microondas 1 minuto. Revisar y dar golpes de 30 segundos hasta que el caramelo tome color. Distribuir por el molde y reservar.

Batir 1 **huevo** con 2 cdas. de **azúcar**. Mezclar con 125 ml de **leche** e integrar. Colocar en el molde con el caramelo y llevar a microondas por 1 minuto a potencia mínima. A partir de ahí dar golpes de 15 segundos y revisar hasta que esté cuajado. Suele hacerse antes de los 2 minutos. Desmoldar y servir.

Mirá la opción sin azúcar

LINK A VIDEO

Es importante que el microondas no esté en máxima potencia sino el flan cuajará pero se nos desarmará.

POSTRES EN COPAS

Dos palabras: te salvan.

Lo primero que hacemos es nuestra **crema base**, que nos servirá para todas las copas.

Se hace así: mezclar 500 g de **queso crema** con 200 g de **azúcar impalpable**. Batir hasta integrar. Sin dejar de batir, ir agregando 700 g de **crema de leche**, de a poco. Batir hasta montar, pero no del todo, que quede blanda, si no puede cortarse al ponerle más ingredientes.

¡Buscá vasitos o frascos lindos y diferentes para cada copa! Te hacés el moderno y disimulás que apenas tenés tres iguales.

Copa de frutos rojos

Ir intercalando en la copa: una capa de **galletitas rotas** con las manos (las que te gusten), una capa de **nuestra crema**, una capa de **frutillas troceadas**, una capa de **mermelada de frutos rojos**. Un poco de frío y a la mesa.

LINK A VIDEO

Copa de dulce de leche

Agregar a tu **crema de queso** cuatro cucharadas panzonísimas de **dulce de leche**. Mezclar hasta unir.

Intercalar en la copa **vainillas** rotas, una capa de **crema de dulce de leche**, una de **dulce de leche repostero** (si la hacemos, la hacemos bien…), una de **nueces**, una de **merenguitos** rotos…

Debería ser ilegal esta copa.

Copa de chocolate

No podía faltar una de chocolate. A la **crema** principal, agregarle dos cucharadas de **cacao en polvo** y mezclar hasta que tenga color chocolatoso.

Intercalar en la copa **galletitas** o **budín de chocolate** roto, **crema de chocolate**, **chips de chocolate**… ¿Arriba? **Garrapiñadas**. Me vuelvo loca.

TORTA
BANOFFEE

Una bomba atómica en exactos 15 minutos.

300 g de galletitas de chocolate con relleno

125 g de manteca

3 bananas

200 ml de crema de leche

1 cda. de azúcar

1 chorrito de esencia de vainilla

200 g de dulce de leche

Chocolate rallado

1   Triturar las galletitas (¡con relleno y todo!) y la manteca blanda hasta que te quede como una arena.

2   Aplastar esta mezcla bien en el fondo de un molde y llevar a la heladera mientras batís la crema.

3   Montar la crema bien firme, con el azúcar y la esencia de vainilla.

4   Sacar la base de la heladera. Colocar encima una capa de dulce de leche, una de banana cortadita en rodajas y por último la crema.

5   Enfriar un ratito para que se ponga más firme, llover con chocolate rallado y a disfrutar.

>> Las galletitas pueden ser de vainilla, pero yo prefiero las de chocolate ¡y con el relleno... porque además de rico nos ahorra tiempo! <<

Cuando pienses hacer ensalada de frutas haceme el favor y hacé esto para que no te tilden de antiguo.

BROCHETTES
DE FRUTAS

*Esta receta es LA salvación cuando tenés
que improvisar un postre con casi nada.*

Las frutas me las cortás en trozos
y las ponés en un palito de brochette.
Podés hacer combinaciones según el color.

Salsa de yogurt

Mezclar 1 **yogurt** (a mí
me gusta neutro) con 1
cdita. de **miel** y 1 cdita.
de **leche condensada**
hasta que esté suave y
sedoso.

Salsa de miel

Mezclar 2 cdas. de **miel**
con 2 cdas. de **jugo
de limón** y un poco de
menta picada.

Salsa de chocolate caliente

Colocar 100 g de
chocolate semiamargo
picado (o chips de
chocolate) en un bol.
Calentar 150 g de **crema
de leche** en el microondas,
bien caliente. Verter la
crema caliente sobre el
chocolate. Dejar reposar 3
minutos y revolver. Llevar
a la mesa caliente.

Salsa cremosa

Mezclá 1 cda. de **queso
crema** con 1 cda. de **leche
condensada** hasta que
esté sedoso.

Para cubrir podés poner

- Confites de repostería
- Nueces picadas
- Semillas de diferentes tipos

- Grana de colores
- ¡Y probá con ají picante! Un viaje de ida.

TURRÓN
DE AVENA

El presidente del Club de Recetas Ochentosas.

6 cdas. de avena instantánea

2 cdas. de cacao en polvo

3 cdas. de dulce de leche repostero

50 g de manteca

1 paquete de galletitas de agua

Chocolate cobertura

1. Mezclar en un bol la avena, el cacao en polvo, el dulce de leche repostero y la manteca. Unir bien con la mano hasta que quede una pasta muy espesa.

2. Armado: Ir formando capas, primero de galleta, luego untar con la pasta, luego una capa de dulce de leche (que no figura en el contrato pero se la ponemos igual), luego más galletas. Las capas que quieras, ideal dos o tres.

3. Emprolijar bien los bordes es muy importante si vas a hacerlos individuales. Hay que agarrar más pasta de avena y rellenar bien los bordes para que queden parejos.

4. Llevar los turrones al freezer 10 minutos (más si podés) para que se pongan firmes.

5. Bañar los turrones con el chocolate derretido. Enfriar un ratito más, poner los dibu y a merendar.

Se pueden hacer turrones individuales o en una fuente grande, para luego cortarlo.

TRUFAS
RÁPIDAS

*Me las llevo en la
cartera para comer
en la cola del banco.*

3 tazas de budín o
bizcochuelo deshecho

50 g de manteca derretida

100 g de nueces picadas

200 g de dulce de leche

4 cdas. de cacao

Para rebozar: coco rallado,
grana o más cacao

Mezclar todos los
ingredientes en un bol
hasta obtener una especie
de masa, amasarla para
que quede lisa. Formar las
trufas haciendo bolitas
del tamaño de una nuez.
Rebozarlas con coco
rallado, grana, cacao.
Enfriarlas un ratito ¡y a la
mesa!

FRUTILLAS
CON
REDUCCIÓN
DE ACETO

En una sartén poner 50 g
de **azúcar** con 100 cc de
jugo de naranja. Calentar
revolviendo hasta que
se disuelva el azúcar.
Agregar 300 cc de **aceto
balsámico.** Y revolver al
fuego hasta que esté tan
espeso como lo imaginaste.
Con esto salsear unas
frutillotas bien frescas y
lindas. Listo. Hiciste el
postre en 15 minutos.

~◦~

Tené en cuenta que la reducción
se espesa más una vez que
se enfría. Para saber cómo
quedará podés enfriar un
poquito en una cuchara o
en el mármol de la cocina.

PIZZETAS
DE FRUTAS

*La versatilidad de la tapa
para empanadas tomo IV, capítulo 3.*

6 tapas para empanadas

6 cdas. de queso crema

4 cdas. de leche condensada

1 cda. de azúcar

Ralladura de 1 limón

Fruta fresca

Miel o salsa de chocolate
(ver p. 155)

1 Estirar las tapas sobre una placa enmantecada. Lloverlas con un poco de azúcar y llevarlas al horno hasta que se doren.

2 Mientras tanto, mezclar el queso crema con la leche condensada y la ralladura de limón. Llevar a la heladera.

3 Cuando las "pizzetas" estén sin temperatura, colocar una capa de la crema, acomodar frutas encima y rociar con miel o chocolate.

160

MUG CAKE
DE CHOCOLATE

*Torta en 3 minutos para
sacarse el antojo.*

4 cdas. rasas de
harina leudante

4 cdas. rasas de azúcar

2 cdas. de cacao en polvo

2 cdas. de leche

2 cdas. de aceite neutro
(de maíz o girasol)

1 huevo

Azúcar impalpable
para decorar

1   Mezclar en la taza directamente todos los ingredientes
secos, con un tenedor: la harina, el cacao y el azúcar.
Unir bien.

2   Agregar el huevo y batir bien, raspando los bordes para
asegurarnos que no quede harina pegada. Batir hasta
que no quede ningún grumo.

3   Incorporar los líquidos: la leche y el aceite. Mezclar
bien. La mezcla no debe quedar muy líquida, podría
salirse, ensuciarte todo el microondas y acabarías
llorando en la panadería. Si es necesario, le agregás un
poquito más de harina.

4   Llevar a microondas: colocar en el borde de la bandeja
giratoria (si la hay), no en el centro. Cada microondas
es un mundo, de modo que habrá que probar con el
tuyo. Mis tiempos son: 2 minutos a potencia máxima y
1 minuto y medio a potencia media. Empezá probando
con 1 minuto y medio a potencia máxima y luego andá
experimentando.

5   Sacar y espolvorear con azúcar impalpable. Comer
calentito, que es cuando mejor está la masa. Y si estás
pensando si va la bocha de helado encima, dale para
adelante...

LINK
A VIDEO

INVERTIDA DE MANZANAS
SIN HORNO

Para la primera parte

75 g de manteca

2/3 taza de azúcar

1 cdita. de canela

3 manzanas

1 puñado de nueces

Para la masa

1 taza de harina leudante

1/3 taza de azúcar

1 cdita. de canela

75 g de manteca derretida

1/3 taza de leche

1 huevo

1/3 taza de agua

1. Poner la manteca, el azúcar y la canela (ingredientes de la primera parte) a fuego medio en una sartén. Revolver hasta que la manteca se derrita y se una con el azúcar.

2. Agregar las manzanas, peladas y cortadas en gajos, en forma de "calesita" sobre la mezcla de azúcar y manteca. ¿Me entienden? Tapar y dejar cocinar 10 minutos a fuego medio.

3. Mientras tanto, hacer la masa: mezclar la canela, la harina y el azúcar (ingredientes segunda parte) en un bol. Agregar la manteca derretida, la leche, el huevo batido y el agua. Mezclar bien hasta que quede todo unido y organizado.

4. Una vez pasados los 10 minutos de las manzanas, abrir la tapa y tirar despacito, por encima, la mezcla de torta. Intentar que cubra bien todo pero si no queda perfecta no pasa nada.

5. Tapar, bajar el fuego al mínimo y dejar en la hornalla unos 20 minutos, hasta que veas que al tacto la masa está cocida o hasta que le metas un palillo y salga seco, como a cualquier torta.

6. Desmoldar inmediatamente para que no se pegue.

Colgate mirando ese color ámbar maravilloso de la invertida de manzana, sacale una foto para Instagram y mandale este tweet a tu amiga:

@menganita, hice la última receta del libro de Paulina. Un primor de tarta, y sin horno.

LINK A VIDEO

El único secreto para que salga
esta tarta es usar una muy buena
sartén, de fondo grueso.

6 IDEAS
RICAS Y PRÁCTICAS PARA LA VIANDA DE LOS CHICOS

1
Palitos de verduras con dips

Zanahoria con dip de palta y
queso crema (ver pág. 138)

2
¡Pochoclos con nueces!

Poné **maíz pisingallo** en una olla
vacía y calentá hasta formar los
pochoclos. Agregá un poquito de
azúcar y **nueces**.

3
Falafel

(ver pág. 110)

4

Bolitas energéticas

Procesá 1 taza de **dátiles** sin carozo con 1 taza de **avena** y 2 cdas. de **nueces**. Formá bolitas y pasalas por **coco rallado**. ¡Puro sabor y energía! Podés hacer varias juntas y guardarlas en la heladera para toda la semana.

5

Muffins salados

Batí 2 **huevos** con 200 g de **harina leudante**, 200 ml de **leche**, 100 ml de **aceite**, **sal**, **jamón picadit**o y **queso rallado** (unos 150 g). Poné en moldes de muffins y horneá unos 15-20 minutos, hasta que estén dorados.

6

Sándwiches en rollitos

Aplastá con un palo de amasar un **pan de molde integral**. Untá con un poco de **mayones**a y ponele **jamón**, **queso** y **lechuga**. Enrollá y cortá en trocitos.

Frutas
¡No dejes de poner fruta ni un solo día!

4

5

6

5 COSAS
QUE AGRADECERÁS TENER
EN EL FREEZER

Cebolla, morrón, ajo y perejil ya picados, en tuppers o bolsitas. Probalo: te cambia la vida.

Hamburguesas y milanesas crudas de carne, pescado y/o verduras, listas para paliar un hambre voraz (cuando hagas prepará más cantidad y guardá).

Un plan B en caso de que algo falle. El mío es **prepizza**.

Pan, casero o comprado. Siempre lo necesitás y allí estará.

Espinaca, brócoli y acelga precocidas y picadas: harás una tarta en minutos.

5 COSAS QUE DEFINITIVAMENTE TENÉS QUE SABER SI COCINÁS PARA CHICOS

- Que si cocinás con ellos estarán más predispuestos a probar esa comida. Comprobadísimo por esta servidora.

- Que vos decidís qué y cuándo, ellos cómo y cuánto. Si son chiquitos y comen con la mano, que coman con la mano. Si tienen poco hambre ese día, que coman poco.

- Que las empanadas y hamburguesas son "contenedores" ideales para meter esos vegetales que sueltos no les gustan.

- Que frutas y verduras pueden tomar mil formas, pero tienen que estar sí o sí todos los días.

- Que cualquier comida chatarra puede tener su versión casera.

- Que cuando prueban algo nuevo y les gusta ponés cara de nada pero por dentro tenés un carnaval carioca.

EL COMODÍN

Este relleno comodín es un *must* en las pasarelas de esta temporada de freezer. De todas, en realidad. Es mi *little black dress* en la cocina. Si no querés hacerlo de carne podés reemplazarlo, por ejemplo, por hongos secos picados. Hacés bastante de una sola vez y lo freezás en bolsas marcadas (como en la foto). Después llegás tarde a casa, tenés poco tiempo para cocinar y te fijás qué hay en la heladera. El relleno comodín es muy versátil, combina con casi todo. Elegís el plato que vas a hacer y ya está. Qué noche, Teté.

Si la marcás así podés porcionarla fácilmente.

LA RECETA

Salteá, bien picado, dos **cebollas**, medio **morrón** y dos dientes de **ajo** en **aceite de oliva**. Cuando la cebolla esté transparente, subí el fuego al máximo y agregá la **carne picada**. Sellala moviendo con una cuchara hasta que esté bien separada. Una vez que esté dorada agregá medio vasito de **vino** y cociná hasta que se evapore. Condimentá con **sal**, **pimienta**, **pimentón** y **comino**. Bajá el fuego y cociná hasta que esté cocida, siempre revolviendo cada tanto. Una vez a temperatura ambiente, colocala en bolsas o tuppers y freezala.

Mirá todo lo que podés hacer con el relleno comodín

Empanadas

Agregá **aceitunas picadas, cebolla de verdeo** en trocitos (la parte verde), en crudo. Armá empanadas. Vendelas en la feria del plato.

Pastel de papas

Agregá **aceitunas** y **huevo duro** picados. Si sos de esos, **pasas de uva**. Hacé un puré, armá un pastel de papas. Bailá una polka de felicidad.

Verduras rellenas

Herví **zapallitos, berenjenas, calabaza** o **zucchinis**. Quitales la pulpa. Mezclalos con la carne y rellená la verdura. Al horno con **quesito** arriba. Sin remate.

Salsa boloñesa

Agregale **tomates picados** y **salsa de tomate**. Cociná. Ahí tenés una boloñesa.

Tacos, burritos o esas fajitas que se hacen rápido

Agregale un poquito más de **pimienta**, prepará unas ricas salsitas. Armá burritos. Invocá a Don Ramón.

STAFF

Te presento a todos los que trabajaron en este libro.

Luz

Me escribió para saber qué olla tenía que comprar y terminamos haciendo un libro. Ella es la editora pero lavó platos, hizo compras, sostuvo luces. Su súperpoder es mandar extensos audios de whatsapp.

Jorge

Es mi cuñado. Algunos días cocinó. Otros se quedó cuidándome los chicos. Las dos cosas le salen muy bien.

Ale

Es mi ídola. Hizo cada una de las fotos de este libro. Aún no le dije lo contenta que estoy de que me haya retratado. Se lo digo acá.

Caro

Dueña de Cuchuflolandia. Hizo el *foodstyling* del libro y prestó cada cosita que ven en las fotos.

Flor

Estuvo en la cocina dale que te dale para ayudar en cada una de las recetas. Se hace la francesita en los pies. Le queda impecable.

Marti

Se llama María Marta, no Martina. Produjo, editó, corrigió, barrió, compró, se tomó una birra que sobró. Es muy entonada silbando.

Lana

Si se caía algo al suelo, ella estaba ahí.

Lara

Lara, la diseñadora, se encargó de que todo este libro quede así de hermosote.

Paulina

Y yo, que además de escribir y cocinar este libro, la pasé bomba y aprendí mucho de cada una de las personas del equipo.

Además

Alejandro nos hizo la logística y distribución y Morena, la sobrina de Luz, también nos ayudó a cocinar algún que otro día.

172

Ale

Caro

Jorge

Flor

Paulina

Luz

Marti

Lana

173

Historia de este libro y agradecimientos varios

Si le compraba a su marido tal o cual olla. Luz Fuster, editora de este libro, me preguntó eso en su primer contacto: me pidió una recomendación para comprar una olla. Yo le contesté minutos después: "La ensalada Waldorf no la hice nunca, la haré hoy por primera vez, luego te cuento cómo me quedó". Más tarde me disculpé. Con Luz y con el pobre cristiano que me había pedido la ensalada Waldorf y ligó una recomendación de olla.

De este diálogo desopilante nació el primer libro de Paulina Cocina.

Así que en primer lugar quiero agradecer a Luz el haber confiado en mi proyecto y el haberme llevado de la mano por todo este mundo de los libros, que para mí es nuevo. También a Ediciones Continente por haber apostado, por el *dream team* de profesionales que eligieron para este libro y por hacerme sentir en todo momento que mi contenido es querido y respetado.

Este libro (y Paulina Cocina en general) se hace con el apoyo constante de Edu, mi marido, que me aconseja, me baja a tierra, cuida a los chicos, resuelve parte de la logística de la casa y hace las mejores empanadas del mundo. Gracias.

Paulina Cocina se hace también con mis hijos en medio y a ellos les agradezco lo divertido de mis días y la paciencia de esperar a que yo saque mis fotos o filme para empezar a comer.

Mi mamá y mi papá me apoyan siempre, en esta y en otras, haga lo que haga. Gracias siempre por esto. Mi mamá además es quien me enseñó a cocinar :)

También le agradezco a mi fan club familiar: mi prima Lore, por tirarme siempre buena onda con lo que hago; mis primos Fede y Mari, que ven y comentan todos mis videos; el IPug completo, al que cuento cada novedad en Paulina; y Diego y Lu, mis hermanos, que se creen que soy una estrella. Yo los dejo. Soy la mayor, no va a ser la primera vez que los engaño.

Nacho Tato también rema Paulina desde las sombras pero, a diferencia de mis otros primos, él sabe bien cuán perejila soy. Gracias por haberte sumado.

Respecto a las recetas, les cuento que la masa para tarta 999 es la gran receta de mi tía Ali que hicieron un montóooon de personas. La tarta de peras y queso me la enseñó hace años mi amiga italiana Elisa. El pesto de anchoas es el que hacía mi *nonna*, de hecho no conocí el pesto tradicional hasta que fui grande. El *cruet* de merluza me enseñó a hacerlo la verdulera de la Vila Joiosa. El pollo al ajillo es calcado el de mi tía Emira. El pollo a la cacerola estilo marroquí me lo enseñó el cocinero árabe Mohamed Alaa y desde que lo probé no paré de hacerlo. El truco de agregar aceite al rebozador me lo pasó Cris de Cocinar en casa. El solomillo al whisky no me lo enseñó la Leti de Sevilla, pero debería haberlo hecho. Quesecome me mandó una vez una receta de buñuelos con la espinaca cruda y desde ese entonces los hago así. La ensalada de lentejas y cebolla que hago sin parar cada verano me la enseñó hace años Rebeca. Las ideas locas como el churrasco con sorpresa y las frutillas con aceto son virales que aparecieron en mil páginas de Internet, las probé y me gustaron.